CHEZ LES JÉSUITES

LUCIEN GLEIZE

CHEZ LES JÉSUITES

PARIS
E. DENTU, ÉDITEUR
3, PLACE DE VALOIS, PALAIS-ROYAL.

PRÉFACE

Déjà bien des livres furent écrits pour ou contre les jésuites, surtout contre. Ce livre n'est écrit ni pour, ni contre; il est écrit *sur* les jésuites.

Il a sur la plupart de ceux qui le précèdent, cet avantage d'être l'œuvre d'un ancien élève des jésuites qui, durant une dizaine d'années, reçut leur éducation.

Pour pouvoir analyser sérieusement un milieu tant soit peu complexe, il est indispensable d'en avoir fait partie intégrante. L'auteur qui, voulant dépeindre un monde spécial, s'en va, quelques semaines durant, en contempler la scène, en interviewer quelques acteurs, peut bien, s'il a du talent, rapporter un roman intéressant dont l'action fantaisiste s'encadre de façon plus ou moins adéquate dans le décor du monde visé et s'habille de ses costumes, mais la pensée secrète et motrice, l'âme intime lui échappe ; souvent il écrit un livre faux, toujours un livre superficiel.

Ayant vécu en beaucoup de milieux très divers, j'ai pu constater par moi-même combien s'ignorent les uns les autres tous ces petits mondes dont se compose notre société actuelle, — arlequin fait de pièces et morceaux assez mal cousus ensemble.

Dans chacun de ces microcosmes, on déteste cordialement les voisins, souvent on les jalouse, et toujours avec une entière bonne foi, née d'une parfaite ignorance, on les juge fort sévèrement.

Le monde des jésuites, à ce point de vue, mérite la palme. Nul n'est autant que lui détesté, craint, vilipendé.

C'est pourquoi il m'a paru sinon utile, du moins intéressant, qu'un critique impartial, connaissant à fond le sujet dont il parle, donnât son avis sur cette Société si discutée et dit aux uns et aux autres, à ceux qui sont pour, comme à ceux qui sont contre : « A mon sens, vous dites vrai en ceci, faux en cela. »

Telle est la genèse de ce livre.

Et pour que le témoignage qu'il apporte ait un indéniable caractère de vérité, je n'ai rien écrit sur ses pages que ne m'ait dicté le souvenir précis d'un fait vu de mes yeux, d'une parole entendue de mes oreilles.

C'est dire que ce livre n'agite aucun problème d'histoire. La question classique : « Les jésuites ont-ils armé la main de Ravaillac ? » et autres non moins palpitantes n'y sont nullement traitées. Toute réponse à questions pareilles altère la problématique certitude des renseignements fournis par l'histoire, de la douteuse justesse d'une interprétation personnelle. Quelle est, dès lors, sa valeur probante ?

C'est dire encore — le titre d'ailleurs l'indique : « Le jésuite ici étudié est surtout le jésuite éducateur. » Je n'ai pas, comme le Tout-Puissant, pouvoir de sonder les cœurs et les reins, et je répugne à me lancer dans des hypothèses divinatrices plus ou moins logiquement induites sur l'esprit de ces fameuses règles d'Ignace soigneusement cachées à tout profane, peut-être parce qu'elles ne contiennent rien que tout le monde n'ait déjà deviné.

Je n'ai pas eu la prétention d'être complet, mais bien le souci d'être exact.

L'impartialité de l'auteur, l'authenticité des faits et des paroles rapportés feront uniquement l'intérêt de ce livre, lequel n'a qu'une visée — peut-être ambitieuse : Diminuer sur un point la somme des idées fausses qui partout ont cours.

CHEZ LES JÉSUITES

INITIATION

I

La Bible nous enseigne que Jéhovah fit entre tous les peuples élection du peuple juif, pour placer sur sa tête ses plus chères affections. D'aucuns prétendent que Jéhovah eût pu mieux choisir; mais l'affirmation biblique n'en reste pas moins formelle de cette localisation des préférences divines.

Il semble que pareillement en notre France, cette fille aînée de l'Église, les grâces célestes s'épandent de préférence sur tel point du territoire plutôt que sur tel autre. Alors que l'esprit d'impiété souffle ses révoltes aux âmes parisiennes, ne voyons-nous pas les cités bretonnes et telles autres cités moins excentriques, Lyon par exemple, conserver la ferveur des mysticités croyantes? Là s'épanouissent encore à pleine sève les fleurs balsamiques de la dévotion.

Jusqu'à ces dernières années, Bessègue, grande ville méridionale, n'était pas de ces cités élues. Seules les femmes y donnaient quelques signes de religiosité. Sa population mâle, entièrement livrée aux spéculations de la Bourse et du commerce, nullement à celles de la métaphysique religieuse, ne songeait qu'à bien vivre sous le chaud soleil de là-bas. En fait de culte, elle ne connaissait guère que celui des petites femmes; il est juste d'ajouter qu'elle le pratiquait avec zèle.

Or, en l'an de grâce 187... advint un fait gros de conséquences sanctifiantes pour cette païenne cité. Le conseil des jésuites résolut la conquête de Bessègue; la création d'un collège en cette ville fut décidée.

Ce que jésuite veut, Dieu le veut. Les Bességois virent bientôt s'ouvrir en leurs murs une maison d'éducation tenue par les Pères.

Ce n'était pas sans quelques hésitations que l'Ordre de saint Ignace de Loyola avait décidé de tenter la chance d'une fondation de collège à Bességue. Cet Ordre — sa devise le dit — a coutume de travailler à la plus grande gloire de Dieu; et toute plus grande gloire, même divine, ne peut que perdre à un échec. Or tout faisait craindre qu'en cette ville damnée une tentative d'ordre pieux n'eût un insuccès total. Grâce à Dieu, il n'en fut rien.

Les jésuites sont des gens heureux. Le succès que leur zèle d'apôtres et leurs prières n'eussent peut-être pas obtenu par des années d'effort, leur vint de lui-même et tout aussitôt grâce à un petit, un minime détail qu'ils n'avaient certes pas escompté.

A Bessègue, ville où l'accent méridional sévit dans toute son horreur nazillarde et chantante, celui qui, soit à raison de son origine septentrionale, soit à raison de voyages ultérieurs, fait sonner un accent pur de la tare locale est de suite très remarqué. Il a pour lui une présomption de bonne éducation, de distinction mondaine qu'il ne saurait perdre qu'en y vouant tous ses efforts. Mettriez-vous vos pieds sur la nappe, à Bessègue, si vous avez l'accent du Nord, vous êtes tenu pour distingué. Avoir cet accent précieux cela s'appelle là-bas « parler pointu ».

Les jésuites parlaient pointu.

Aussi leur succès fut-il rapide et complet. Bientôt dans toute la bourgeoisie citadine ce ne fut qu'un même cri admiratif : « Quelle distinction, ces Pères jésuites !... » Les jeunes échantillons de la race bességoise entrés les premiers chez les jésuites furent étudiés avec une curiosité acidulée de jalousie par les familles non encore décidées aux sacrifices pécuniaires exigés par les tarifs du nouveau collège. — On ne pouvait songer à le nier ; la distinction des maîtres avait déteint sur les élèves. Déjà l'accent de ceux-ci s'améliorait ; on avait le droit d'espérer qu'avec le temps ils arriveraient à parler presque pointu.

Dès lors, nul n'hésita plus. Avoir son fils chez les jésuites vous classait parmi les « gens bien ». Des familles jusqu'alors endormies dans la plus profonde tiédeur, se découvrirent des convictions religieuses et envoyèrent leur fils au nouveau collège. « Il est chez les bons Pères ! » devint la phrase sacramentelle de toute famille « comme il faut » présentant sa progéniture. Et de suite un concert d'éloges s'élevait : « Il est si bien chez les bons Pères!... Ils sont si distingués, ces Pères jésuites!... » — Bessègue, une fois de plus, prouva qu'elle est sise au beau soleil du Midi.

A cette époque, tout enfant encore, 10 ans à peine, je croissais en sagesse et en grâce devant Dieu et devant quelques prêtres séculiers tenanciers d'un petit pensionnat. Un des abbés à la sollicitude desquels était confiée mon enfance, m'ayant dans un mouvement de vivacité quelque peu arraché une oreille, je dus songer à me séparer de mes premiers maîtres et fis le projet d'entrer chez les jésuites. J'acquis à ce moment la preuve qu'au fond de tout éducateur, même religieux, veille un marchand de soupe. L'abbé supérieur à qui je fis part de ma résolution l'encouragea d'un adieu peu poli, où dans le ton perçait une sourde fureur : « Ah! vous voulez entrer chez les jésuites!... Vous croyez que vous y serez mieux élevé!... Eh bien, entrez chez les jésuites!... »

Et j'entrai chez les jésuites.

II

« École Saint-Ignace » tel était le nom du collège ouvert par les Pères. Ce ne fut jamais qu'un externat, et, lors de ses débuts, la série des classes n'y était pas complète ; elle s'arrêtait à la troisième. Année par année le niveau des études devait hausser d'un cran jusqu'à ce qu'il atteignît les hauteurs terminales de la philosophie. Les jésuites avaient dû procéder de la sorte, voulant n'admettre chez eux que des enfants assez jeunes encore pour que les traces d'une influence antérieure ne vinssent pas contrarier l'action de leurs propres enseignements. De suite ils se montrèrent délicats dans le choix de leurs élèves, prenant des renseignements sur la famille, ses mœurs, ses opinions, et refusant impitoyablement tous ceux qu'avait contaminés un séjour, très court fût-il, dans un lycée universitaire.

Du reste, en marchant à la conquête de Bessègue par le moyen le plus sûrement efficace, la prise lente mais certaine de l'éducation, les jésuites n'avaient nullement l'intention de prendre dans leur coup de filet toute la jeunesse de la ville. Là, comme ailleurs, ils ne visaient que les enfants des classes riches, ceux destinés à dominer plus tard les autres de par leur position sociale.

Pour cela, très peu ou pas de boursiers, et des prix qui, sans être exorbitants, interdisaient l'entrée de leur maison aux trop petites bourses.

Les Pères voulaient une sélection; ils l'obtinrent; et pour en conserver le fruit à l'abri de toute influence pernicieuse, le plus qu'ils purent ils isolèrent leurs élèves des autres enfants. Des jours de congé nous furent choisis différents de ceux des collèges profanes, et nos familles furent invitées à nous faire toujours suivre d'une personne de confiance dans les allées et venues nécessitées par l'externat. Des omnibus surveillés par les Pères étaient d'ailleurs, moyennant un léger supplément, mis à notre disposition pour nous aller prendre et reconduire chez nous.

L'omnibus des Pères! — Mon premier voyage dans la vieille guimbarde cahotante qui créa le rôle à Bessègue est le plus net souvenir de mon entrée à Saint-Ignace.

Je me vois encore, le grand jour venu, attendant le vénérable véhicule, ma petite serviette sous le bras. Je suis fortement ému ; la perspective des surprises de tout genre réservées au « nouveau » ne me sourit pas le moins du monde. — Un fracas de ferraille ébranlant la rue, un coup de sonnette : il faut marcher.

Je m'attendais à ce que mon apparition dans l'omnibus fût saluée d'une explosion de rires contenus, de grimaces, de pieds de nez décochés en sourdine. Il n'en est rien. Une double rangée de petites têtes se penche, me regardant avec une curiosité un peu froide et hautaine, une malice tranquille. Certains m'examinent de la tête aux pieds, inspectant ma toilette d'un coup d'œil connaisseur. J'en vois se pencher aux vitres, détaillant la maison où habite « le nouveau ». Le résultat de ce double examen ne doit être qu'à demi favorable ; sur quelques bouches se lit une petite moue dédaigneuse. Bientôt personne ne fait plus attention à moi. Les têtes ont plongé dans les livres de leçon. Très intimidé, je reste, l'œil au vague, tassé sur ma banquette. Seul, l'abbé qui surveille l'omnibus me regarde en riant d'un rire muet, placide et bébête, comme si voir « un nouveau » pouvait le divertir encore à son âge.

Cette courte scène, dans le désarroi de mon émotion, je la devinai plus que je ne la vis; et si je note cette impression à peine sentie, c'est que depuis j'ai pu juger combien elle était juste et typique.

Je venais de faire connaissance avec une catégorie d'enfants dont l'idée première était de supputer à vue d'œil la fortune, la situation de leurs camarades. Sur cette évaluation ils réglaient leur familiarité avec eux. Cette manie singulière est caractéristique de l'élève des jésuites. L'élève des jésuites, en effet, mise à part l'aristocratie de race que je devais rencontrer à la rue des Postes, appartient à la bourgeoisie cossue, et comme tel, par suite de l'atavisme, par suite de l'influence du milieu où il vit, est au plus haut degré travaillé du snobisme de la richesse, regarde la pauvreté comme un ridicule malheureux vous ravalant à des petitesses grotesques. Dans le collège où j'entrais ce snobisme éclatait dans toute sa beauté. A Bessègue, la bourgeoisie, étant exclusivement commerçante, a tous les orgueils insolents des parvenus. Ces insolences, les enfants les prennent aux parents, les exagérant et surtout les étalant avec le cynisme naïf du jeune âge. Par malheur, les Pères ne firent rien pour corriger leurs élèves de ce défaut regrettable.

Les jésuites ont le respect de la fortune, au même titre que celui de toutes les supériorités naturelles ou acquises sur lesquelles repose la hiérarchie sociale actuelle. Puis, chez eux comme dans bien d'autres collèges, l'amour-propre du maître est agréablement flatté par la vue du bel équipage attendant le jeune X... C'est une manière de réclame pour la maison. Je me rappelle encore l'empressement de tel et tel de nos maîtres à courir au devant de certain gros négociant lorsqu'il venait chercher son fils. Ledit gros négociant a fait depuis une faillite scandaleuse.

Le fait suivant donnera une idée de ce curieux état d'esprit.

Parmi mes nouveaux camarades se trouva le fils d'un marchand de vins du voisinage. Quel scandale ! Le fils d'un troquet s'asseoir sur les mêmes bancs que le fils de M. Y..., gros négociant en huiles. Les élèves ne frayaient guère avec le pauvre garçon, et des parents portèrent plainte, demandant à ce que l'enfant fût rendu à sa famille. Fort heureusement, à la tête de Saint-Ignace se trouvait alors un jésuite d'une haute et large intelligence, le père Tairet ; il sourit de la demande et se contenta d'y répondre par des atermoiements: « Les Pères réfléchiraient... Un tel renvoi était scabreux; l'élève était docile et bien élevé; son père, un brave homme, pratiquant, commerçant aisé... » Bref, l'élève fut gardé. Mais le Père Tairet eût mieux agi en mettant à ces bonnes gens le nez dans leur bêtise. Il ne le fit pas.

C'est que le jésuite est exclusivement le prêtre des riches — le peuple le voit d'un mauvais œil — et doit, pour conserver son unique clientèle, ne pas heurter de front les préjugés qu'elle nourrit. Tout le clergé français en est un peu là; depuis le brave curé de campagne flatté d'être admis à la table du châtelain, jusqu'au Frère mendiant qui trouve dans la maison cossue aumône plus large. Aux riches vont toutes ses sympathies secrètes et avouées.

Comment les disciples accordent-ils cette conduite avec la malédiction lancée par le Maître : « Il est plus difficile à un riche d'entrer dans le royaume des cieux, qu'à un chameau de passer par le trou d'une aiguille »? — Par de casuistiques interprétations.

Les uns déclarent qu'il ne s'agit pas en ces paroles du chameau quadrupède, mais bien d'une grosse corde ainsi dénommée. La difficulté restant la même, ils ajoutent que le mot « riches » désigne seulement les « riches d'esprit », ceux qui, plus que tout, aiment leurs richesses. D'autres content : « L'Aiguille était le nom d'une des portes de Jérusalem, porte très basse, sous laquelle les chameaux ne pouvaient passer qu'après s'être au préalable débarrassés de leur charge. Tel le riche ; pour entrer au ciel, il devra laisser ses richesses à la porte ».

Malgré ces louables arguties, on sent chez les prédicateurs abordant ce sujet scabreux l'appréhension secrète d'un marcheur peu sûr du terrain où il se risque. Dans leur esprit peu convaincu de l'excellence de l'interprétation donnée se dresse un point d'interrogation inquiétant : « Dieu serait-il vraiment ennemi de cette classe de gens à qui vont toutes les préférences de son clergé ? »

Ainsi donc, l'impression ressentie tout d'abord au contact de mes nouveaux camarades ne fut pas exempte d'une gêne légère. Quand j'analyse celle que me causèrent mes nouveaux maîtres, je découvre en mes souvenirs plus de respect craintif que de sympathie confiante. Un seul me fut tout de suite et pleinement sympathique, le fondateur de Saint-Ignace, le Père Tairet. Malgré la laideur physique de sa grosse face ronde trouée de petite vérole, cet homme attirait par un rayonnement d'intelligence et de bonté émanant de toute sa personne. J'aimais en lui son bienveillant sourire, ses allures franches, ses gestes larges d'orateur, tout, jusqu'à sa façon de se draper sculpturalement dans son manteau porté à la vénitienne. Les autres Pères lui ressemblaient fort peu; aussi me plurent-ils médiocrement. Je leur trouvai l'air froid et guindé, le regard fuyant, les allures patelines. Il me parut que bien qu'ayant l'air de vivre en parfaite intimité avec leurs élèves, ils se tenaient en réalité très à l'écart et comme très au-dessus d'eux, sans jamais un de ces abandons cordiaux qui gagnent le cœur de l'enfance. Certains même me déplurent nettement, m'inspirèrent une répulsion instinctive, quasi physique. J'en eus peur comme de croquemitaines trop laids pour n'être pas méchants. Je me rappelle l'un de ceux-ci, ma bête noire, le Père Mertat. On ne saurait imaginer tournure moins avenante : Un corps frêle et long, glissé comme en un fourreau de parapluie dans la soutane du jésuite, — la robe noire sans rabat, coupée aux reins d'une ceinture de laine noire rarement portée, — et sur ce manche fuselé une petite tête d'une pâleur transparente, — la pâleur gluante des méduses, — coiffée de cheveux roux et trouée de deux petits yeux roux, fureteurs, faux, méchants, pailletés d'éclairs qui restaient froids; la bouche à peine visible, décolorée, se crispait marmottante, toujours muette. Toute sa physionomie, sa rousseur, son pas silencieux, rapide et glissant évoquaient la comparaison avec ces répugnantes araignées qui font pâmer de peur les femmes nerveuses. A première vue je le détestai, et il me le rendit bien. Par la suite, il tourna mal; voici comment :

Lors des incidents de l'article 7, les jésuites expulsés de leur collège s'éparpillèrent dans divers asiles que leur ouvrirent chez elles quelques vieilles dévotes. Le Père Mertat sut si bien prendre pied chez sa pieuse hôtesse, qu'il y devint en peu de temps seul maître. Un testament en bonne et due forme le nomma bientôt légataire universel de l'excellente dame. La nouvelle s'en étant répandue, fit scandale. Les jésuites intervinrent et sommèrent leur trop habile collègue d'avoir à choisir entre la Société de Jésus et celle de sa crédule dévote. Le Père Mertat préféra cette dernière. Depuis, il promène une soutane qu'il ne doit savoir à quel ordre rapporter. Je lui conseille de fonder pour son usage personnel le culte du troisième testament.

Sur ces impressions dominantes de mon entrée à Saint-Ignace se greffèrent des surprises de détail : Telle l'obligation où nous étions d'appeler tout jésuite « Mon père » ; habitude difficile à prendre qui vous vaut, les premiers temps, de baptiser de ce titre un peu tout le monde, au hasard de la conversation. Autre sujet d'étonnement, la prodigieuse consommation faite par mes maîtres de mots d'origine latine ou grecque : Un livre de messe devenait un « euchologe ». Comme récompenses on délivrait des « *Optime* », des « *Bene* ». Parlait-on au réfectoire, on avait « *Deo gratias* ». On ne priait Dieu qu'en latin. Enfin surprise plus complète : l'organisation d'un collège de jésuites pour moi nouvelle.

III

Tout collège de jésuites a pour chef suprême un Père recteur. A l'instar des rois constitutionnels, le Père recteur règne mais ne gouverne pas; vague Providence, il reste dans la coulisse. L'autorité effective est dévolue à son subordonné immédiat, le Père préfet. De lui partent tous les ordres relatifs à l'instruction et à l'éducation des élèves; un Père censeur l'assiste dans cette tâche. Les finances sont confiées à un économe. Professeurs et surveillants ferment la marche. Les surveillants, généralement recrutés parmi les moins intelligents et les moins instruits des jésuites, s'immobilisent sur leur chaire. Les professeurs, au contraire, ne se confinent pas dans une classe toujours la même. Ils suivent leurs élèves d'étape en étape et, partis de la plus basse classe, arrivent à la plus élevée, recommençant ainsi toutes leurs études.

Au personnel jésuite s'adjoint une troupe d'abbés séculiers que les Pères hébergent et nourrissent, les vouant aux besognes inférieures. Tout surveillant de division est flanqué d'un de ces abbés qui lui sert de chien de berger. Ces auxiliaires appellent les élèves aux cours d'agrément, distribuent les billets de confession, surveillent les abonnés de « l'omnibus »... etc. Ils vivent à part des jésuites, et sont traités par ceux-ci sans grand respect pour le caractère sacré de leur soutane.

Au-dessous des abbés séculiers, les frères si justement dénommés frères lais. Le frère lai est au jésuite ce que le sacristain est au prêtre. Il en exagère les défauts sans en avoir les qualités. Son regard fuyant, ses allures patelines, l'affectation de son zèle dévot, tout en lui jusqu'à son costume — une redingote noire à sous-pieds — singe le jésuite en le caricaturant. Les frères lais ne sont que les chefs de la domesticité; l'un est préposé à la lingerie, l'autre à l'infirmerie... etc. Ils n'ont aucun ordre de prêtrise ; ce qui ne les empêche pas de prétendre au respect que l'on doit aux ministres du culte, et de dire volontiers « Ma soutane », en montrant leur redingote.

Un ou deux professeurs laïques complètent parfois le personnel enseignant; leur rôle se limite au professorat des cours accessoires. Je dirai plus tard quels cours sont accessoires aux yeux des jésuites.

MYSTICITÉ NAÏVE

Quand on veut gagner à soi un tout jeune enfant, ce n'est pas par le raisonnement qu'il faut le prendre, mais par l'imagination et la sensibilité. Les jésuites, experts éducateurs, ne l'ignorent pas ; aussi dans les classes enfantines s'occupent-ils — pour parler leur langage — de l'âme plus que de l'esprit de leurs élèves. L'instruction classique vient au second plan ; l'éducation religieuse tient la première place.

Avant d'analyser les méthodes d'enseignement des jésuites, je livre aux amateurs de mysticité ces quelques notes sur l'état d'âme d'un enfant pieux et les moyens qu'employèrent ses éducateurs pour produire ledit état d'âme.

I

Tout petit je n'étais guère pieux ; je ne m'inquiétais nullement de l'autre monde, assez gâté par les miens pour me plaire en celui-ci. Quand une bonne âme à la dévotion curieuse, — il en est en province, — me demandait : « Aimes-tu le bon Dieu? » je répondais oui, mais sans conviction. La Sainte Trinité brouillait mes idées. Le Père, le Fils et le Saint-Esprit, c'était bien du monde à aimer. Mon affection se portait plutôt sur le Fils, la seule humaine des personnes divines, laquelle s'étant incarnée cessait d'être inconcevable. Pour Dieu le Père, je me le représentais comme un vieillard à barbe blanche, l'air peu aimable, ayant derrière le chef un grand triangle d'or, tel enfin que me le peignait une fresque de mon église paroissiale, avec de grosses mains tendues vers vous, ces puissantes mains qui avaient pétri le monde. Quant au Saint-Esprit, il n'évoquait chez moi que l'idée d'une colombe tombant du ciel à pic, la tête en bas. C'était le personnage effacé du trio, le moins heureux des trois.

Cette croyance en Dieu n'était peut-être pas très orthodoxe, mais à mon sens si l'on excommuniait tous les fidèles et les prêtres dont la dévotion se borne au culte unique de la deuxième personne de la Sainte Trinité, le Fils, ce serait une exécution en masse. Même auprès des croyants les plus pénétrés du dogme, la Trinité étant incompréhensible joue le rôle ingrat des incompris. Je n'étais donc pas, à ce point de vue, plus hérétique que l'immense majorité de mes coreligionnaires.

Y a-t-il d'ailleurs parmi les croyants autres gens que de pieux hérétiques? Tous ceux qui se disent unis par la même foi et participant à la même communion, ne couvrent-ils pas d'une même étiquette autant de religions différentes? En dépit des dogmes autoritaires, en dépit des prétentions du prêtre à vouloir régir jusqu'à nos plus intimes pensées, chaque fidèle se crée sa petite religion d'après son tempérament et sa tournure d'esprit. Sans parler des recoins du dogme non réglementés en détail, que de façons de comprendre et surtout de sentir les articles essentiels de la foi ! Les mots restent les mêmes pour tous, mais l'interprétation donnée change avec chacun, si bien qu'ayant l'air d'être d'accord tous sont d'avis différents. Si cela n'était, si chaque croyant ne se faisait une religion adéquate à son état d'âme, il n'y aurait pas de ferveur. Chacun se trouverait gêné par cette confection spirituelle qui, voulant aller à tous, n'irait bien à personne.

J'eus plus tard pour professeurs de rhétorique deux abbés séculiers, hommes fort intelligents, instruits et de relations charmantes. Un jour, j'interrogeai l'un d'eux sur le compte de l'autre : « L'abbé X, me fut-il répondu,... un excellent homme, très savant, très intelligent... mais en religion, des idées ! !... Si jamais il s'avise de les écrire, l'excommunication lui répondra. »

Quelque temps après, je parlai au pseudo-hérétique du confrère qui l'avait ainsi jugé :

« Un lettré délicat, me dit-il, un charmant homme... mais en religion, des idées ! ! Qu'il se garde de les écrire, son livre serait mis à l'index. »

Tous en sont là, les jésuites eux-mêmes. Seulement nul de ceux-ci n'eût jasé de la sorte sur un confrère.

Donc, tout jeune je n'étais guère pieux, et

j'ai lieu de penser que si je n'avais point vécu dans un milieu dévot, la piété n'eût pas germé spontanément en moi. Mais dans le monde religieux où se fit l'éducation de mon enfance, n'entendant parler que de bon Dieu, de saints et saintes, assistant à nombre d'offices et récitant quantité de prières, je devins pieux par contagion.

L'âme de l'enfant se prend par les sens : par la fascination des autels multicolores avec leurs saints ou leurs bons dieux enluminés dans les niches à fond d'azur semé d'étoiles d'or, avec, tout autour, sur les étagères, les vases de porcelaine peinte, les bougies roses et bleues, et la floraison des bouquets artificiels épanouis sous le demi-jour poétisant des chapelles, dans le silence impressionnant qui tombe des voûtes endormies. Le silence!... le grand facteur de la dévotion, et non la pompe des offices qui distrait l'âme et ennuie l'esprit. A contempler tous les jours durant les longues prières, la messe, les offices, tout ce décor de mysticisme quelque peu matériel, l'enfant voit bientôt éclore en son esprit tout un paradis naïf, reflet idéalisé des choses vues. Sa piété se fait du ravissement de son imagination ; il trouve à vivre en ce rêve un amusement attendri qui ne va pas sans douceur.

Cette disposition première s'entretient et se développe par ce qu'on pourrait appeler les jeux innocents de la dévotion : petits autels enfantins, — réductions imitées des grands, — médailles, chapelets, images saintes.. Oh ! les images saintes ! j'en avais une collection superbe ! L'origine en était due à un vieil abbé dont j'étais le favori. Chaque fois qu'il m'apercevait, le brave homme m'appelait, me prenait sur ses genoux, me demandait si j'aimais bien le bon Dieu, m'embrassait et me donnait une image. Depuis, j'en avais reçu de tous les côtés. Lors des premières communions il est d'usage d'en échanger ; c'est comme une carte de visite dévotieuse portant en exergue la légende obligatoire : « Souvenir du plus beau jour de ma vie ».

Ce qui dominait dans ma collection, c'étaient les jolis petits Jésus blonds et frisés, aux chairs roses, et les Madones toutes de bleu vêtues, souriant sous leur couronne de reine d'un sourire divinement bon qui les faisait si jolies. Puis des Christs aux yeux noyés d'amour mélancolique, toujours blonds, d'une joliesse toute féminine, avec de mignonnes frisures à leur barbe. D'autres images étaient plus compliquées : « celles qui s'ouvraient ». Par exemple, des tabernacles dont la porte se rabattait laissant voir un cœur transpercé d'un glaive, ou bien un Jésus souriant. Je ne les ouvrais pas trop souvent de peur de les abîmer. Les images symboliques venaient en nombre moindre : des calices en papier doré, entourés de fleurs que glaçaient des éclats de nacre, enguirlandés de maximes pieuses. De jolies jeunes filles en robes flottantes, représentant des âmes, qui s'envolaient dans le bleu avec des figures extatiques où se mouraient des yeux alanguis de désir. Sous leurs pieds, des légendes enflammées où l'on ne parlait que de tendresses infinies, d'amour brûlant, d'hymen céleste...

Dans le genre symbolique, j'ai souvenir de deux images valant leur prix. L'une à légende ainsi conçue : « Billet d'aller pour le ciel. — Tenez-vous prêts, on part à toute heure. — On ne délivre pas de retour. » La gravure représentait une jeune âme portant valise et montant dans un train à destination du Paradis. Et cette autre : Des religieuses viennent chercher une jeune âme pour la conduire au couvent. — Un carosse attelé de deux chevaux blancs attend à la porte. On va monter.

LA JEUNE AME (*effarée à la vue du monde*) :

Je suis trop petite, le monde est trop grand!

LES BONNES SOEURS :

Ah! venez, mon enfant, ah! venez au couvent.
Le carosse est prêt, aux beaux chevaux blancs!
Ah! venez, mon enfant, ah! venez au couvent!

A l'époque de la Noël, il est d'usage dans le Midi, pour le plus grand bonheur des enfants, de construire ce que l'on appelle des « crèches ». La crèche est une représentation fantaisiste de la naissance du Christ à Béthléem. Tout y est; l'étable en carton-pâte abrite la sainte famille, le bœuf, la vache, les mages et ceux accourus vers le Dieu nouveau-né, paysans et bergers chargés de présents, tous petits bonshommes de glaise peinturlurée dénommés « santons ». Autour, brûlent des veilleuses et des bougies.

C'est durant un mois l'amusement des enfants, la tranquillité des parents. Les prêtres ne dédaignent pas de s'en servir pour éveiller des idées mystiques dans les âmes enfantines ou restées telles en dépit de l'âge de leur propriétaire. Les plus beaux santons qui ravirent mes yeux d'enfant se voyaient dans les églises.

Mais ce qui, plus que tout, fouetta mon zèle pieux, ce fut mon amitié avec un jeune garçon dont la famille avait découvert qu'il désirait se faire prêtre. En attendant l'heure bénie où il pourrait entrer au grand séminaire, mon ami se faisait la main. Chez lui se dressait un autel en réduction sur lequel il évoluait, disant la messe ni plus ni moins qu'un véritable officiant, imitant l'effrayante volubilité des ministres du culte récitant leurs offices. Il avait, ô merveille! un calice, un vrai calice, du vin blanc et de grandes hosties qu'il avalait avec tous les signes d'un recueillement profond compliqué d'une déglutition difficile. J'obtins d'être son servant et remplis mon office avec beaucoup de dévotion. Pour une vraie messe je n'en aurais pas eu davantage; moins même, peut-être, car l'office de mon ami était plus court.

L'imitation vaut souvent mieux que ce qu'elle

aspire à imiter. Témoin ce qu'il advint de cet ami entré plus tard au grand séminaire. Il en sortit aussitôt et court encore.

Des pratiques pieuses aussi puériles ne sauraient engendrer dans les âmes une dévotion bien métaphysique. Ma dévotion était en effet assez peu supra-sensible. Il s'y cachait, à mon insu, une bonne dose de sensualité latente s'ignorant encore. J'adorais un Dieu à ma taille, le petit Jésus sur les genoux de la sainte Vierge Marie sa mère. Je l'imaginais fort bien, blond et rose, avec un sourire dont la suavité m'attirait et me ravissait d'une émotion très douce. Je l'aimais comme j'aurais aimé un joli baby dont j'aurais su qu'il était très bon, tout puissant et que j'aurais eu grand plaisir à embrasser et tenir entre mes bras. Je n'avais pas soupçon qu'il pût exister une autre foi différente et supérieure. Maintes histoires entendues ne me prouvaient-elles pas que tel et tel saint eurent une dévotion toute pareille? Saint Louis de Gonzague par exemple, lequel priant aux pieds d'une statue de la Vierge, vit celle-ci s'animer et déposer l'enfant Jésus entre ses bras. Si bien que, dit la légende, le saint eut le bonheur, durant une demi-heure, de presser sur son cœur et d'embrasser amoureusement son Dieu. Après quoi la Vierge reprit son enfant; et tout rentra dans l'ordre.

Dans le mélange bizarre de croyances métaphysiques et de sensualités latentes dont est fait un mysticisme de ce genre, ou je me trompe fort ou les secondes l'emportent de beaucoup sur les premières. Que de ferveurs ont dû faire flamber dans le cœur des vieilles filles enragées de célibat le titre d' « époux céleste » donné à Jésus-Christ et la séduction de ce beau blond aux regards noyés d'amour, auréolé de gloire, montrant d'un doigt effilé son cœur brûlant entre les plis écartés de son manteau! L'*Imitation*, voilà bien le livre d'or de ce mysticisme, épuré toutefois, décrassé des tares personnelles dont le salit la bêtise de chaque mystique. L'*Imitation* ne fut-elle pas d'abord interdite par la congrégation de l'Index? La partie intelligente du clergé sentit qu'il y avait là, sous prétexte de religion, des sentiments d'un ordre tout autre, qui pour s'illusionner sur leur nature n'en péchaient pas moins contre l'orthodoxie. De nos jours, le clergé est devenu moins sévère; la lecture de l'*Imitation* est conseillée par tous les confesseurs. L'Église, devant la baisse générale de la foi, n'a plus le choix entre les moyens de faire remonter les actions célestes ; elle voit d'un œil tendre au milieu de l'indifférence générale cet état d'âme qui, s'il n'est pas l'idéale piété, en approche du moins par l'intention. Du reste la majeure part du clergé ne cherche pas si loin ; pourvu que les ouailles observent les lois de l'Église en matière d'offices et de sacrements tout est sauvé. Jésus-Christ n'a-t-il pas dit : « Bienheureux les pauvres d'esprit, car ils verront Dieu ! » ? Le fait est qu'ils le voient un peu partout, même là où un respect intelligent défendrait de le placer.

Pour les jésuites, gens de tête, une dévotion de ce genre n'était pas l'idéale piété à laquelle ils désiraient amener leurs élèves. Des ministres si froids, si sévères et généralement si laids doivent évidemment représenter un autre Dieu qu'un joli poupon blond et frisé. Pourtant, loin de décourager cette mysticité enfantine, les pères prenaient grand soin de l'entretenir, de la développer même, y voyant une préparation d'âme, un acheminement vers la piété parfaite où vous conduirait avec l'âge le développement progressif de leur enseignement religieux.

II

Je viens d'avoir dix ans. Dans un an je dois faire ma première communion. Avec tous les camarades de mon âge, je suis les cours du catéchisme préparatoire à cette solennité religieuse, la plus grande pour le catholique, celle où il se nourrit de son Dieu. Deux fois par semaine le Père Aumont, notre directeur spirituel, nous réunit, et nous voilà récitant mot à mot le petit catéchisme diocésain :

DEMANDE. — *Qu'est-ce que le catéchisme ?*

RÉPONSE. — *L'enseignement par demandes et par réponses des principales vérités de la religion.*

Par demandes et par réponses se révèle à moi une religion que je soupçonnais seulement jusqu'alors, une religion ayant la structure complexe d'un édifice bâti au fur et à mesure des siècles par la série des conciles œcuméniques et autres. Je m'initie à une foule d'idées moins souriantes que les imaginations de mon mysticisme enfantin. La grâce, le péché, les punitions célestes défilent tour à tour dans ces leçons d'orthodoxie. L'Église y passe et repasse; à propos de tout elle intervient, prononce et condamne. Déjà, malgré que je sois très pieux, je la trouve encombrante; elle me cause une secrète antipathie, comme un gêneur rébarbatif, au verbe trop haut, venant à tout moment s'interposer entre Dieu et celui qui le prie. Néanmoins ma piété, loin de se refroidir, en est comme fortifiée de respect, avivée de crainte. La crainte, voilà le sentiment nouveau qui s'installe en moi et bien vite s'y développe grâce au soin jaloux que les Pères apportent à le cultiver. *La crainte du Seigneur est le commencement de la sagesse*, dit la maxime sainte. Les jésuites s'entendent à l'appliquer. Nous n'entendons parler que de la hideur du péché et des peines terribles par lesquelles Dieu se venge quand on l'offense.

Le Père Aumont, notre instructeur religieux, n'est pas un corps, c'est une âme. Miné par une maladie de poitrine à sa dernière période, il réalise le type de l'ascète moyen-âgeux qui ne tient plus à la terre. Mais ce par quoi le Père Aumont est surtout remarquable, c'est par l'horreur, la terreur que lui inspire la franc-maçonnerie. Je crois qu'il hésiterait à choisir entre l'apparition de Satan et celle d'un franc-maçon par une nuit noire. Car on peut bien chasser le diable avec de l'eau bénite ou des signes de croix, tandis que sur un franc-maçon ni l'un ni l'autre de ces palliatifs n'a de l'effet. Pour lui la franc-maçonnerie est une puissance effroyable et perverse, émanation directe de Satan, capable, pour assurer la réussite de ses desseins infernaux, des pires attentats. Est-ce pour éloigner de nous à tout jamais la tentation de devenir vénérable? Toujours est-il qu'il ne tarit pas sur ce sujet en histoires à donner le frisson. Entre nombre d'autres je cueille celle-ci :

Un jeune homme à qui Dieu avait fait le précieux cadeau d'une éducation chrétienne, oublia sa religion et se fit recevoir de la franc-maçonnerie. Nul doute qu'il n'eût été promis aux flammes éternelles, s'il n'eût, heureusement pour lui, conservé l'habitude de réciter tous les soirs, avant de se coucher, un *Ave Maria* (ô logique!). La Vierge Marie ne voulut pas qu'un tel élu fût perdu pour le ciel; elle lui envoya sa grâce. Le jeune homme, touché au cœur, résolut de sortir de l'enfer où il avait roulé. Mais comprenant que s'il restait en France après cette abjuration, ses frères les maçons le feraient sûrement assassiner, il partit pour l'Amérique. A son arrivée, à peine descendu du bateau, il tombait sous le poignard d'un assassin.

Ce qu'il y a de beau chez le Père Aumont, c'est qu'il est profondément convaincu de la vérité de l'histoire, et qu'en terminant dans un trémolo il sent passer sur sa nuque le petit frisson de terreur qui nous saisit à l'écouter . . . .

. . . .

Il est dans le clergé d'autres « Pères Aumont » croyant et narrant semblables sornettes. Tel prêtre de ma connaissance ne contait-il pas en un couvent de jeunes filles que le diable apparaît aux réunions solennelles des francs-maçons et y dénonce les faux frères dissimulés dans l'assistance? (*Andrieux peut-être.*) N'existe-t-il pas un ouvrage en deux volumes, signé d'un Père jésuite et traitant des loges maçonniques ? Cet ouvrage, je l'eus quelques heures entre les mains; il avait été donné en prix à un de mes camarades, élève au collège des jésuites de Cantorbéry. Racontant les cérémonies d'admission des maçons néophytes, ledit livre assurait qu'en cette occasion tous les maçons se mettent nus « comme un mur d'église » et se ligotent certain membre avec une ficelle. Le reste du livre devait être dans la même note; je regrette de n'avoir pu le lire en entier.

Les francs-maçons me sont inconnus; je ne sais si, de leur côté, ils publient sur les jésuites des livres ayant une valeur critique aussi indéniable ; mais je ne serais nullement étonné qu'il y eût dans leurs rangs — partout les imbéciles sont légion — des naïfs se faisant des jésuites une idée très ridicule, les jugeant des violateurs d'enfants, des empoisonneurs de veuves, et leur prêtant, grâce aux immenses richesses dont on les dit possesseurs, une influence toute puissante sur les destinées du monde.

Enfantillages et mauvaise foi ! Chaque partie, à force de charger le portrait de l'adversaire, arrive à s'en faire un épouvantail, et, victime de sa propre manœuvre, s'exagère étrangement la scélératesse et la puissance de son ennemi. En réalité qu'y a-t-il en présence? Deux sociétés de secours mutuels fondées l'une contre l'autre, se disputant par la propagande la direction du courant des esprits et l'assiette au beurre toujours dévolue à celui dont l'influence triomphe en politique. Pour cette dernière partie de la lutte, chacune des deux sociétés tâche à commettre le plus possible de passe-droits, c'est-à-dire d'injustices, au nom de la camaraderie. Comme nous sommes loin, grâce à Dieu, des mélodrames imaginés par des crédulités peureuses et naïves, et colportés par des malices calomnieuses !

Quant à l'influence de ces deux rivales, est-elle si grande ?

Le monde va au petit bonheur. Jésuites et francs-maçons suivent le mouvement, croyant le mener.

Comment se peut-il que pas un prêtre — il en est pourtant de fort intelligents — n'ait fait remarquer à ses confrères dont la naïveté va contant histoires pareilles à celles du Père Aumont, qu'à moins d'être idiots, si jamais le diable leur apparaissait, tous les francs-maçons devraient se faire immédiatement jésuites ? Ce qui à coup sûr serait peu banal.

III

Nous sommes en retraite de première communion. Le grand jour approche. « Le plus beau jour de notre vie », nous répète notre prédicateur de retraite, le Révérend Père Gouiller. Nous nous préparons avec toute la tension de ferveur dont nos petites âmes sont capables à fêter dignement ce grand jour. On nous a réunis au nombre de quinze, tous élèves des Pères, sauf un jeune châtelain des environs, très riche et très noble, qui, s'il ne nous édifie pas par son recueillement, nous stupéfie du moins par l'excentricité de ses costumes. Il est devenu, depuis, un des leaders de la haute noce parisienne.

Nous sommes totalement isolés des autres élèves pour toute la durée de la retraite, — une dizaine de jours. Plus de classes, plus d'études. J'en connais qui ne s'en plaignent pas. Tout le jour durant, observant entre nous un silence absolu, sauf aux heures de récréation, nous passons d'un exercice pieux à un autre, d'une messe à un sermon, d'une méditation à une lecture spirituelle, à un examen de conscience. Les saluts, les litanies, les chapelets ne sont pas oubliés. La salle qui nous reçoit au sortir de la chapelle est la salle de spectacle du cercle catholique Bességois; une grande pièce oblongue, saumon et or. Aux murs se plaque une galerie d'immenses toiles collées en fresque, célébrant les triomphes de la foi sous diverses latitudes et à différentes époques. A côté de Condé fléchissant le genou sur le champ de bataille de Rocroy, un jésuite évangélise le Paraguay, Christophe Colomb découvre l'Amérique, Volta galvanise sa grenouille,... et tout ce monde met un genou en terre et rend grâce à Dieu de lui avoir donné du génie. Elle est un peu théâtrale et mondaine cette salle, mais édifiante tout de même. Le rideau lui aussi prêche la religion; l'intérieur de Saint-Pierre de Rome s'y peint en grisaille.

Jamais je n'ai été si recueilli. Mon âme est vraiment imprégnée de dévotion; mon esprit n'a plus souci que de mon salut éternel. Aux offices je m'absorbe dans une prière ardente et continue. Durant les sermons je bois les paroles du prédicateur, des paroles onctueuses qui glissent dans l'oreille sans effort. Le reste du temps je lis et je relis une *Vie des Saints* illustrée de beaucoup d'images dévotieuses. Pourtant, — là est le point faible, — toutes ces vies de Saints me paraissent se ressembler terriblement. Une sainte émulation ne m'en pique pas moins. Pourquoi n'essayerai-je pas de figurer un jour, comme ceux-là dont je lis le panégyrique, dans un beau livre à images avec une petite gloire d'encre derrière le crâne? Le monde, la vie ordinaire me semblent des anomalies folles, toute une saturnale appelant les foudres célestes, une manifestation épileptique de fureur impie. La seule affaire est de chercher son salut. Je pense à fabriquer une discipline. Mon père, quoique bien pensant, m'inquiète d'une vague odeur de roussi; je songe à tenter sa conversion. Le respect filial m'en empêche. Ma cuisinière est fort peu dévote; j'essaye sur elle mes qualités d'apôtre; je lui fais peur des flammes de l'enfer. Elle me répond qu'elle aura suffisamment rôti en ce bas monde pour que Dieu la laisse tranquille dans l'autre. Cette plaisanterie de mauvais goût me démonte; je renonce à mon apostolat. « Tant pis pour elle! qu'elle se perde! »

Le grand facteur de ce pieux état d'âme est la prédication. Deux fois par jour le Père Gouiller monte en chaire, et trois quarts d'heure durant prêche à son jeune auditoire. Les sermons de ce prédicateur sont savamment composés et coordonnés, — suivant le plan ordinaire de toute retraite, — de façon à remuer profondément, à troubler de peur nos jeunes âmes, pour qu'elles se jettent dans la dévotion comme un enfant terrifié par un croque-mitaine se précipite dans les bras de sa mère :

D'abord le sermon obligatoire sur la solennité de l'acte que nous allons bientôt accomplir, la consommation du divin mystère qui change le pain et le vin au corps et au sang d'un Dieu et nous en nourrit. Mais il faut pour recevoir dignement l'Emmanuel des âmes pures de toute faute. D'où second sermon sur le péché, cette insulte à la majesté divine, ce prurit satanique qui nous insurge, nous pygmées, contre celui qui créa l'univers ; le péché, cette offense de noire ingratitude envers ce Dieu qui nous a donné la vie, nous a fait naître dans une famille riche et bien pensante, réunissant sur nos têtes l'appréciable avantage des bonheurs terrestres et l'inappréciable bienfait d'une éducation donnée par les bons Pères, tandis que tant de pauvres enfants étiolent leurs âmes dans l'atmosphère méphitique des Universités. Pour dépeindre les désastreux effets du péché, le Père Gouiller déploie le luxe des comparaisons classiques : L'âme pure de la faute est la plaine embaumée du parfum des fleurs, dorée de moissons mûrissantes, avec tout plein de petits oiseaux dans les arbres. « Mais hélas! mes chers enfants, — la voix du prédicateur plonge aux notes graves, — voyez ce noir nuage ! Il approche, il s'étend, il s'épaissit; déjà gronde le tonnerre, enfin la foudre éclate, tombe. » — Ici le Père Gouiller, expressif dans sa mimique, se laisse crouler. Durant quelques secondes il disparaît dans sa chaire. Comme un diable surgi d'une boîte, il reparaît, rouge, les yeux hors de la tête, et d'une voix caverneuse : — « Regardez ce qu'il reste de ces fleurs, de ces oiseaux, de ces moissons... Rien !... plus rien !... Voilà ce que fait en nous le péché, cette mort de l'âme, *peccatum mors animæ*. » — Le bon Père a, comme tous les prédicateurs catholiques, l'habitude de confirmer par quelques mots latins ce qu'il vient de dire en français. Pourquoi cela ? Le latin en impose-t-il davantage à ceux qui l'écoutent sans le comprendre ?

Des motifs plus sérieux de redouter la faute appuyent bientôt cette tonnitruante comparaison. Le prédicateur nous expose la théorie orthodoxe d'après laquelle le salut ou la damnation de l'âme dépend uniquement de son état de grâce ou de péché à l'instant inopiné de la mort. Si bien que se voit enrôler dans les cohortes bienheureuses celui qui, après une vie de scandales, a la chance d'être absous par la main d'un prêtre « *in articulo mortis* », tandis que l'enfer ouvre son éternité de supplices au plus saint des hommes, s'il meurt ayant sur la conscience le crime d'avoir manqué la messe le dimanche précédent. Donc le tout est de mourir au moment opportun. Aurons-nous cette chance? La crainte de trépasser en état de péché mortel germe en nos esprits. Nous commençons à faire des examens de conscience scrupuleux. « C'est que la mort vient à toute heure, — (nous écoutons le sermon suivant) — Elle frappe les jeunes comme les vieux. Qui sait, mes chers enfants, combien d'entre nous vivront encore l'an prochain? Que dis-je? Qui sait si à l'instant où je vous parle la mort ne plane pas sur une de nos têtes? Demain serons-nous tous ici? Qui pourrait l'affirmer? » — Un léger frisson parcourt l'auditoire; nous nous regardons avec inquiétude. Lequel de nous va partir le premier? Chacun pense : Si c'était moi! — Le Père Gouiller s'enfonce comme à plaisir dans la description des horreurs de la mort. L'agonie, le cercueil, le caveau, la putréfaction, le squelette, tout y passe... Il nous traîne dans les cimetières, viole les sépultures, défonce les caisses mortuaires, et levant le linceul nous montre la hideuse pourriture nauséabonde. « *Jam fœtet* ! clame-t-il, *jam fœtet* ! déjà il sent mauvais !... » — Sur la figure du prédicateur se lit un profond dégoût, ses mains se crispent dans un geste d'horreur ; il a vraiment l'air de flairer un cadavre puant. — « Et c'est à repaître ce corps immonde de toutes les ordures réclamées par ses appétits de brute que tant de gens sacrifient le salut de leur âme ! »

Leur âme ! que devient-elle ? — Nous entrons dans l'autre monde. Voici le jugement particulier subi par l'âme à sa sortie du corps, cette comparution devant le tribunal divin dont la crainte a fait blêmir tant de saints à l'agonie. Car « beaucoup sont appelés, et peu sont élus ». Et pour ceux qui ne sont pas des « *pauci electi* », l'enfer ! l'éternel supplice du feu et du dam ! Le dam, la privation de Dieu ; ne jamais voir Dieu, toujours le blasphémer, le haïr ; et en des flammes auprès desquelles les nôtres ne sont que glace, souffrir d'immortels tourments. Dans la description de l'enfer, dans les comparaisons choisies pour nous faire comprendre l'indicible horreur de cette éternelle géhenne, le talent du Père Gouiller se surpasse. « Une piqûre d'épingle incessamment répétée deviendrait insupportable. Que sera-ce d'un tel supplice ? En rentrant chez vous, mes chers enfants, mettez un instant votre main au-dessus de la flamme d'une bougie; sentez la souffrance de ce commencement de brûlure, et songez à ce que sera le supplice de l'enfer ! »

Profondément remués, troublés, terrorisés, nous écoutons, l'angoisse au cœur, ces menaces effrayantes. Et nous qui jusqu'ici vivions tranquilles, insoucieux ! Nous côtoyions sans nous en douter un tel abîme ! Comme nous allons dorénavant veiller sur l'état de notre âme ! « La crainte du Seigneur est le commencement de la sagesse. » Pas une révolte de conscience nous faisant trouver ces châtiments un peu sévères pour nos peccadilles enfantines; pas un doute. Du reste comment douter ? Le Père Gouiller n'agrémente-t-il pas ses terribles sermons de nombreuses histoires à l'appui ? Toutes commencent par ces mots : « Je me souviens d'avoir connu, il y a quelques années, un jeune homme... » Il n'y a pas à douter; le Père Gouiller l'a connu. Dieu que cet homme a vu de choses épouvantantes et connu de vilaines gens!

L'histoire, à quelques variantes près dans le détail, est toujours la même : Un jeune homme — le Père se souvient de l'avoir connu — ayant eu le bonheur de recevoir une éducation chrétienne, commet la faute d'oublier un jour ce qu'il doit à cette éducation. Il l'oublie jusqu'à se risquer dans un de ces lieux de plaisir où l'on pèche également par les oreilles et par les yeux (*les théâtres*). Le lendemain on l'appelle; il ne répond pas... Il est mort, *jam fœtet*, déjà il sent mauvais. Et la nuit suivante, voici qu'il apparaît en songe à un de ses amis, environné de flammes infernales, grimaçant un rictus satanique et clamant : « Je suis damné! »

Brou!!! Les histoires peu rassurantes!

Plus les sermons défilent, plus cette impression de terreur que le Père Gouiller souffle à nos âmes suit un *crescendo* savant. J'en arrive, la nuit, à comploter des acquisitions d'eau bénite et à faire des signes de croix pour éviter les apparitions sataniques. Je songe que tel et tel petits amis, morts avant leur dixième année, et que j'avais crus jusque-là chérubins de paradis, sont peut-être bien dans l'enfer à l'heure actuelle. Je commence à craindre sérieusement pour moi-même, et j'acquiers la quasi-certitude de ne pas retrouver au ciel un mien oncle, excellent homme, mais affreux républicain.

Qu'est devenu le bon petit Jésus, au bras de la Vierge mère si doucement souriante? Je ne songe même plus qu'il existe. A sa place s'est installé un Dieu terrible, en tout semblable à ce Jéhovah, dont l'histoire sainte m'a dit les fureurs jalouses, les vengeances coléreuses.

Puis brusquement, voici que, le cycle parcouru des sermons sur les sujets terribles, sans transition, le Père Gouillier se remet à nous parler d'un Dieu tout bonté qui ne veut pas la mort du pécheur, mais sa conversion, bon pasteur donnant sa vie pour son troupeau; c'est un père miséricordieux, il souffre de notre indifférence, nous appelle à lui, nous ouvre les bras pour que nous nous y jetions.

Au premier moment nous restons un peu désorientés, hésitant à comprendre, pas encore remis des terreurs tantôt éprouvées. Mais bien vite nous nous ressaisissons, et c'est une accalmie délicieuse que nous versent ces paroles de paix et d'amour. Des tableaux de paradis, de bonheur infini, éternel nous ravissent de leurs mirages célestes. Notre âme s'y détend, s'y rafraîchit et recommence à sourire délicieusement rassérénée, avec la sensation de soulagement éprouvée à sortir d'un mauvais rêve. Tout à l'heure nous étions sûrs d'être damnés, maintenant nous sommes certains de notre salut. Avec la reconnaissance joyeuse des peurs rassurées nous nous sentons prêts à nous jeter dans les bras de ce Dieu qui nous sauve de tant d'horreurs. Car il nous sauvera; cela est certain; nous serons de ce « peu d'élus » dont parle la maxime sacrée.

Jusqu'à la veille de la première communion, jusqu'au dernier sermon préparatoire, nous n'entendons plus parler que de joies divines, de table partagée avec les anges. Le Jéhovah terrible est rentré dans la coulisse; à sa place trône le Christ blond et souriant, aux yeux noyés d'infinie langueur. « Laissez venir à moi les petits enfants. » — Tout le christianisme, cette saute soudaine d'un Dieu à l'autre: La part d'héritage judaïque et le bien présent; l'Ancien Testament perçant sous le Nouveau.

La veille du grand jour, on nous exerce à avaler des hosties pour que nul de nous ne soit pris, au moment solennel, d'un étouffement grotesque. « Il faut garder l'hostie quelque temps sur la langue afin qu'elle s'humecte, nous dit le Père Aumont, puis on l'avale en fermant les yeux ». Nous voilà nous entraînant ; quelques-uns font des grimaces atroces. Mon voisin surprend mon admiration ; un prêtre n'avalerait pas mieux. Il me confesse s'être exercé la veille sur l'hostie qui recouvrait un nougat de Montélimar. . . . .

. . . .

Du jour de ma première communion j'ai conservé un souvenir plus complexe, moins recueilli, moins calmement dévotieux que celui des jours de retraite. Certaines préoccupations d'ordre terrestre distrayaient mon attention des choses mystiques. Pour la première fois je portais des pantalons longs ; j'avais reçu nombre de cadeaux ; et je devais lire à haute voix « l'acte de désir » préparatoire à la communion. Puis la toilette du jeune vicomte de X... m'avait jeté en tentation de gaîté folle. Néanmoins, le moment venu, lorsqu'au milieu des roulements de l'orgue accompagnant le cantique consacré « *Mon bien-aimé ne paraît pas encore* », sous l'étincellement des cierges, dans la griserie de l'atmosphère saturée d'encens, je m'approchai de la sainte table, je me sentis très ému, et me préparai de toute la force de mon attention à savourer l'impression extraordinaire qu'allait me faire éprouver la réception de mon Dieu. Malgré la pleine ferveur de ma foi, je fus déçu. J'avais imaginé quelque chose de plus profondément troublant, de plus suavement délicieux ; j'avais cru que tout mon cœur se fondrait d'extase ; et je me retrouvais, après la communion, dans le même état qu'auparavant, le cœur gonflé d'un appel de désir auquel rien ne répondait.

. . . .

Séduction de l'esprit par l'émerveillement de l'imagination, sujétion de la volonté par la crainte, tels sont donc les moyens employés par les éducateurs religieux pour gagner les enfants à la foi. Ces deux moyens paraissent aux incroyants peu avouables et beaucoup s'indignent de leur emploi. N'y a-t-il pas là une sorte de guet-apens tendu à la candeur du jeune âge, un abus de sa faiblesse mentale et nerveuse, dont on profite pour lui pétrir le cerveau, le déformer de façon presque toujours irrémédiable? Pourquoi ne pas attendre que la raison soit pleinement éveillée dans l'homme pour lui expliquer les dogmes et les rites? On aurait ainsi des croyants aux convictions librement raisonnées, et non des superstitieux entraînés par la double surprise de l'ignorance et de la terreur.

A ces reproches les prêtres répondent :

« A tout âge la mort imminente rend nécessaires la connaissance et la pratique de la religion. Si d'ailleurs on attendait l'heure du complet éveil de sa raison pour lui enseigner les dogmes, cette heure étant aussi celle où les passions commencent à fermenter dans son cœur, l'homme refuserait le joug de la foi, censeur sévère à ses appétits naissants. »

Les prêtres sont-ils bien francs quand ils invoquent pareil motif? Est-ce vraiment de la voix des passions qu'ils ont peur?... En tout cas — et tous ceux qui ont eu la foi me comprendront — on peut bien en vouloir aux apôtres sincères de la méthode qu'ils emploient pour capter l'âme des enfants, mais on ne peut les en mésestimer. La logique de la foi leur donne le droit, le devoir même d'agir ainsi. Ils croient à l'existence d'un abîme sur la route où vous marchez; pouvez-vous les mépriser de vous faire sur cet abîme quelques récits descriptifs de haute imagination, afin de vous jeter dans une autre voie qu'ils croient être celle du salut?

Il est vrai que ce système apologétique conduirait à excuser l'Inquisition et ses procédés crématoires. — Donc, il y a doute.

Aux parents de choisir les éducateurs de leurs enfants d'après le conseil de leur conscience. S'ils se trompent, une fois de plus se trouvera vérifiée la morale de la fable :

De tout temps
Les petits ont pâti des sottises des grands

LE RÈGLEMENT

Le Règlement de l'école Saint-Ignace ressemblait fort à tous ses congénères nés et à naître. La série des études et des classes s'y coupait des récréations habituelles : un quart d'heure à dix heures et demie ; une heure après déjeuner ; une demi-heure à quatre heures et demie.

La principale singularité de ce règlement consistait en nombre d'exercices religieux échelonnés tout le long du jour : Avant chaque « emploi du temps » une prière dite à genoux sur le bois dur des bancs ; tous les matins une messe basse ; le soir, à cinq heures, au sortir de la récréation, une lecture « spirituelle » après l'absorption préparatoire de deux dizaines de chapelet. Cette lecture, nous contant la vie de quelque saint, n'avait de spirituel que le nom.

Pendant la messe, par deux fois, nous chantions en chœur un des cantiques de notre euchologe.

C'était la seule note gaie de ce concert pieux. Parmi ces cantiques il existait de vrais bijoux tant pour le texte que pour la musique. Je me rappelle toujours avec joie un certain :

Bénissons à jamais
Le Seigneur dans ses bienfaits...

de paroles exquises, lesquelles se chantaient sur un air à faire danser un cul-de-jatte. Il n'était pas le seul écrit sur un rythme joyeux. Dans le répertoire des quadrilles chahuteurs de Bullier, j'ai eu le plaisir de retrouver deux airs sur lesquels j'avais longtemps chanté des paroles rien moins que gaies. Un surtout accompagnant de sa musique endiablée le refrain macabre :

O mort, cruelle mort !
Si jeune encor !
Quel funeste sort !

A l'attaque de ce refrain toutes les professionnelles de Bullier ont coutume de lever la jambe.

Autre détail caractéristique du règlement de Saint-Ignace, la discipline des récréations :

Durant les récréations, si courtes qu'elles fussent, les Pères nous obligeaient à jouer. Ils nous offraient pour ce faire, non à titre gratuit — le jésuite n'est pas donneur — mais à la faveur de collectes préalables, toutes sortes de jeux ; une litanie à faire pâlir celle de Pantagruel. De ces jeux le plus en honneur était le ballon anglais ; nous y jouions avec d'énormes vessies de cuir lancées et renvoyées à coups de poing et coups de pied. Puis nous connûmes le plaisir des échasses, du cricket, du croquet, de tous les jeux de balle, balle au chasseur, balle empoisonnée, jeu de paume. Même on organisa des batailles à coups de balle, où nous luttions armés de superbes boucliers en fer-blanc historiés d'emblèmes très catholiques. Nous eûmes le jeu de chars : Sur une planchette portée par une paire de roues, il fallait se tenir en équilibre, avec, pour tout point d'appui, une corde attachée aux brancards. Comme casse-cou, le jeu de chars était assez réussi. Les grands vélocipèdes d'antan, ces immenses *araignées* si critiquement instables qu'ont détrônées les bicyclettes, nous gratifièrent eux aussi de chutes émotionnantes. Les jésuites ne détestent pas les jeux dangereux, désirant habituer leurs élèves au péril physique, leur faire des cœurs et des corps aguerris.

A l'école Saint-Ignace, la plupart de ces jeux étaient nouveaux pour les élèves. Ils s'y livrèrent avec fureur tant que dura le plaisir de la surprise. Puis l'accoutumance vint ; avec elle l'entrain disparut. Dans la division des « grands » on ne jouait plus que contraint et forcé par les surveillants.

Que leurs élèves jouent de gré ou de force, les jésuites n'en sont pas moins des initiateurs au point de vue des exercices physiques pris durant les récréations. Depuis, bien des lycées universitaires les ont suivis et même dépassés dans cette voie. Je ne veux pas tenter un classique parallèle entre les jeux des deux sortes d'établissements, mais seulement noter la différence des mobiles qui conduisent à un même but ces éducateurs rivaux. Les collèges laïques cultivent les exercices du corps pour le plus grand bien de celui-ci, afin de rétablir chez leurs élèves l'équilibre entre la vie intellectuelle et la vie animale, équilibre complètement détruit par l'antique éducation scolaire de nos lycées. Les jésuites n'agissent nullement dans ce but, n'ayant aucun souci du corps.

Ils cherchent seulement à tromper par la dépense de forces qu'entraînent les exercices physiques l'influx vital qui se manifesterait chez leurs élèves par la poussée des pubertés, et surtout ils veulent, en obligeant leurs élèves à jouer durant les récréations, les empêcher de tenir entre eux ce qu'ils appellent « les conversations particulières ». Les jésuites sont convaincus, non sans raison, qu'il n'est pas de facteur de perversion plus actif que les conversations à deux ou trois entre jeunes gens. Par tous les moyens, réprimandes, punitions, distractions, ils cherchent à supprimer tout dialogue entre condisciples. En étude, en classe, la règle du silence pare au danger ; en cour, le jeu obligatoire a même but. Les jésuites attachent une importance capitale à l'observation de ce dernier point du règlement. L'élève qui ne joue pas est taxé de « mauvais esprit » et traité comme tel.

LEUR ENSEIGNEMENT

I

Mgr de Mazenod, évêque de Marseille, passait un jour l'inspection de ses séminaristes, dont il tâtait l'intelligence et le savoir par un examen sommaire. L'un des interrogés l'ayant stupéfié par sa bêtise, Sa Grandeur donna signe de mécontentement. Désireux d'excuser son élève, le supérieur du séminaire se pencha vers Monseigneur et lui souffla dans l'oreille : « Pas très intelligent, mais d'une si fervente piété ! » A quoi Monseigneur répartit : « Oui, oui... je sais... La piété s'en va et la bête reste. » Mgr de Mazenod traduisait ainsi pittoresquement cette vérité bien connue de tout prêtre : L'état d'âme spécial baptisé ferveur s'évapore souvent avec les effluves de jeunesse qui l'engendrent.

Les jésuites, s'ils ignorent le mot de Sa Grandeur épiscopale, connaissent du moins la vérité qu'il renferme. Aussi, après avoir gagné par des manœuvres pieuses appropriées à cette fin le cœur de l'enfant, suivent-ils dans leur méthode d'éducation le progressif développement de sa personnalité par le développement parallèle de leur action persuasive et dominatrice. Après le cœur c'est l'intelligence qu'ils visent. La conquérir est le but où tend leur enseignement.

Les jésuites, dit la commune voix, sont de merveilleux éducateurs. — Si l'on entend par là qu'ils possèdent l'art d'assouplir, de dompter un cerveau, de le pétrir à leur guise, la commune voix a raison. Pas un éducateur ne dépense autant d'efforts pour s'emparer de l'esprit de ses élèves ; pas un n'y réussit à ce point. Le jésuite ne veut pas seulement avoir dans l'intelligence de son élève un petit coin bien à lui, la case de la religiosité ; ses prétentions sont plus hautes ; cette intelligence il veut l'avoir toute, la posséder pleinement. Il veut que sur tous les sujets, même ceux étrangers au dogme, l'élève pense comme le maître, comme le jésuite, car on peut dire qu'au point de vue idées il n'y a qu'un seul type de jésuite ; tous ont même opinion. Le jésuite rêve ceci : Voir sortir de ses collèges une légion de jeunes gens tous exactement semblables de croyances et d'idées ; identiques comme autant de de formes d'argile sortant du même moule. Pour réaliser ce rêve, il étend sa pression morale et intellectuelle à toutes les parties de son enseignement. Sur aucun sujet, même en matière littéraire, le jésuite ne dira : « Pensez suivant votre esprit ; aimez suivant votre goût. Peu importe ; ceci n'est pas de foi. » En tout, partout, toujours le jésuite persuadera à son élève qu'il existe des règles fixes, immuables, nettement arrêtées ; qu'il y aurait ridicule orgueil à vouloir s'en affranchir. Hors d'elles point de vérité, point de salut. Ces règles sont celles par lui formulées.

En ce sens les jésuites méritent leur réputation.

Mais si dans « éducation » on sous-entend « instruction », alors des réserves sont à faire. Sans doute la moyenne des résultats obtenus chez les Pères l'emporte sur celle obtenue dans les lycées ; cela grâce au zèle du maître, lequel n'abandonne pas toute la queue de sa classe pour s'occuper exclusivement des quelques premiers ; mais si l'on comparait l'élite des élèves dans les collèges de jésuites et dans les lycées, je ne doute pas que ces derniers établissements n'eussent l'avantage. Cette infériorité de l'instruction donnée par les jésuites tient à deux causes : A la pression excessive par eux exercée, pression entraînant presque toujours l'annihilation de l'originalité, seule source de supériorité réelle ; au fond même de leur enseignement dont l'esprit retarde de deux siècles.

Si les programmes des baccalauréats ne les obligeaient à certaines innovations, les Pères donneraient encore à leurs élèves actuels l'éducation que leurs prédécesseurs donnèrent à la jeunesse du XVIIe siècle. Ouvertement réfractaires à la poussée qui nous porte vers l'étude plus sérieuse de la langue et de la littérature françaises, et vers la culture des sciences exactes, ils ont gardé pour dominante de leur enseignement l'étude des langues mortes, du latin surtout. Le reste est pour eux secondaire. Ils le rangent dans la catégorie des *Cours accessoires ;* cours tellement dédaignés que les succès de l'élève y sont tenus pour insignifiants et négligeables.

Les partisans à outrance de l'étude des langues mortes ne se doutent pas pour la plupart qu'ils défendent les théories chères aux jésuites, théories que leur influence jadis toute puissante fit triompher dans l'éducation française.

Chez les Pères, le latin envahit tout. L'élève passe d'une version latine à un thème latin ; d'un discours latin à une composition en vers latins. Le programme du baccalauréat a vainement supprimé ces deux dernières inutilités ennuyeuses, les jésuites les ont maintenues en belle place. Pour eux le discours latin est la pierre de touche des intelligences d'élite. Il n'y a rien au-dessus du « fort en discours latin ». Lorsque le programme de 1881 vint supprimer leur composition favorite, ce nouveau programme qui d'ailleurs osait inscrire les *Provinciales*, *Phèdre*, et le *Tartufe* parmi les matières de l'examen, nos maîtres éclatèrent en protestations indignées. « On supprimait le discours latin ; personne ne saurait plus écrire français ! De l'épouvantable chute faite depuis le XVIIe siècle les belles-lettres ne se relèveraient jamais ! »

Leur amour du latin atteignait la monomanie. Certains de nos professeurs caressèrent l'espoir de nous obliger à parler entre nous la langue de Virgile. Un petit livre nous fut distribué : *Le guide de la conversation latine par un père de la Compagnie de Jésus*, contenant un recueil de mots et de phrases usuelles. Nous y apprîmes que « perdre son temps » se disait *aquam perdere;*

ce que je traduirais volontiers par « lâcher de l'eau ». La liste des *Mots usuels* débutait par un chapitre intitulé : *Dieu ; les habitants du ciel ; l'enfer*. Des dialogues suivaient extraits des *Colloques* du Père Van Torre, et des *Progymnasmata latinitatis* de Pontanus, — *jésuite Bohème*, disait une note ! — Oh ! ces dialogues ! Entre des individus qui se nommaient Patrophilus, Runoldus, Remigius, Sympertus, etc... se papotaient des commérages sur le choix d'un jeu, *deliberatio de lusu* ; des querelles par suite de soupçons téméraires (*suspicio temeraria*) sur la disparition d'un porte-plume ; des concours poétiques en l'honneur de la Vierge et des saints : *Sertum poeticum ad immaculatam Virginem*. Dans ce dernier dialogue, lorsque Gaudentius, un des poètes rivaux, a lu son poème, *Invitatio ad flores*, le Père juge du combat, s'écrie : *Redolet vero Catulli leporem et gratiam*. Mais Marcolphus fait remarquer que Gaudentius, non content d'embaumer la grâce de Catulle, a bel et bien copié tel passage du maître. Le Père approuve hautement Gaudentius : *Haud stulte locum usurpavit. Ad rem redeunt assumpta verba*. Approbation typique. Les jésuites n'ont jamais compris autrement la littérature: Une mosaïque de pensées et de formes pillées à droite et à gauche chez les anciens.

Plus encore que par son amour de la langue latine le jésuite est caractérisé par son extrême faiblesse en matière scientifique. Il existe, il est vrai, à la rue des Postes quelques hommes savants en ce genre d'études, mais je dirai plus tard quels ils sont, et que s'ils se connaissent en sciences c'est pour les avoir apprises au cours de leur vie antérieure au noviciat. A Saint-Ignace, les Pères s'étant, non sans raison, jugés incapables d'être nos professeurs en cette partie de l'enseignement, s'adjoignirent des laïques et des abbés séculiers, que seule leur totale nullité put leur faire estimer suffisants à cette besogne. En réalité ceux-ci étaient fort au-dessous de leur tâche. Je me souviens de notre professeur d'algèbre, un brave abbé dont je reparlerai plus tard: « Apprenez par cœur, nous disait-il ; comme vous n'y comprendrez rien, en changeant un mot vous diriez une bêtise. » Singulière façon d'enseigner les mathématiques !

Il y a deux causes à cette ignorance des jésuites : D'abord le vieux préjugé où ils sont que la plus précieuse faculté de l'esprit, — « la plus noble, » disent-ils, — celle dont on a le plus le droit d'être fier, c'est le raisonnement philosophique « *ratiocinatio* », cette Pénélope de l'abstraction. Puis les jésuites craignent des sciences exactes les tendances positives et critiques qu'elles font naître dans les esprits. Le mathématicien habitué à ne rien accepter qu'on ne lui démontre, accoutumé à disséquer et peser toute démonstration et tout argument, fatalement, un jour ou l'autre, applique sa méthode d'analyse aux questions religieuses comme au reste.

Quant à la forme de l'enseignement du jésuite, elle est fort curieuse. Chez lui le *distinguo* passé à l'état de rage le conduit à parceller tout sujet en une infinité de fragments. Ces parcelles obtenues, il les classe, les étiquette, les catalogue, et travaille à les rattacher par tout un gréement de ficelles à un ou deux *postulatum* qu'il a posés au début comme principes indiscutables. A son apparente rigueur dans la forme, l'enseignement des Pères doit un aspect de sécheresse ennuyeuse; à ce morcellement exagéré il doit un manque de cohésion et surtout de vie. Bref il est d'absorption pénible. *Tædium redolet*, — il embaume l'ennui, dirait le R. P. Pontanus.

II

Les Livres

Les jésuites, désireux qu'aucune voix discordante ne vienne jeter sa fausse note dans le concert pieux dont ils édifient les oreilles de leurs élèves, choisissent avec un soin scrupuleux leurs livres scolaires, non seulement au point de vue de la moralité, mais encore au point de vue des opinions politiques et religieuses. La plupart des ouvrages en usage dans leurs collèges ont pour auteur ou annotateur-correcteur un père jésuite. Pour chaque matière, l'Ordre a son spécialiste ; ainsi les grammaires de langues mortes sont dues au R. P. Sengler ; les histoires tant anciennes que modernes sont signées du R. P. Gazeau. La férule du critique littéraire est tenue par le R. P. Mestre. Quant aux auteurs eux-mêmes, les jésuites ne pouvant les refaire, se contentent de les expurger et les annoter dans des éditions spéciales. Leur collection des auteurs latins est complète. A leur grande joie ils ont pu y faire preuve de *bonne latinité*. En exemple, voici le titre d'un des ouvrages de la collection :

M. T. Ciceronis selectæ orationes

Volumen primum ad usum classis humanitatis

A. M. D. G.

Lugduni, apud Briday Bibliopolum

in aditu ad Archiepiscopatum

Chaque livre s'ouvre sur une préface latine, et chaque chapitre porte en tête un *argumentum*, résumé également latin. Au bas des pages, des notes telles que celle-ci :

Sappho. — Sappho poetria fuit lasciva, a qua carmen sapphicum inventum est.

Il est expressément interdit aux élèves de se servir de livres autres que ceux fournis par l'école. Les raisons données plus haut expliquent cette prohibition ; on peut en alléguer un motif secondaire : Les Pères ont pour principe de donner peu de livres à leurs élèves, et de les leur faire apprendre et réapprendre *ad unguem*, sur le bout du doigt. Pour eux, la vraie force est là. *Timeo hominem unius libri* (je crains l'homme qui n'a lu qu'un livre), disent-ils. — Oui, cet homme-là est en effet fort à craindre, mais pas pour la raison qu'en donnent les jésuites.

III

L'Histoire du R. P. Gazeau

Au maître qui veut agir sur les idées politiques et religieuses de ses élèves, l'histoire, cette complaisante muette, est une puissante auxiliaire. Ses leçons ont d'autant plus d'effet sur le lecteur qu'elles sont indirectes, n'ont pas l'air agressif des aphorismes abstraits. Elles prêchent par l'exemple; la conclusion s'y sous-entend, émane d'elle-même des faits racontés, tout doucement, sans tapage, et n'en est que plus écoutée.

Les jésuites n'ont eu garde de laisser inutilisée une aide pareille. Pas de livre d'histoire en leurs classes qui ne soit de la main du R. P. Gazeau, leur historien. Histoire sainte, ancienne, romaine, histoire du moyen âge, histoire de France.. etc.., ce père a tout écrit. Un même esprit ayant dicté ces différents ouvrages, je bornerai mon analyse à l'*Histoire de France*, celle dont les enseignements ont de beaucoup le plus d'influence sur les opinions des élèves.

Histoire de France

A. M. D. G.

revue, corrigée et complétée

par le R. P. Gazeau de la Compagnie de Jésus

Tel est le titre. Il nous prévient loyalement que nous n'avons pas sous les yeux un ouvrage que dicta l'impartialité d'un philosophe, mais un livre composé pour la plus grande gloire de Dieu. Le corps de l'œuvre est d'un ton aussi franc. Le parti-pris ne s'y cache nulle part ; il s'y étale avec une candide tranquillité. On sent que le livre fut écrit non pour le public mais pour les gens de la maison, pour des esprits convaincus d'avance, surtout pour des enfants. Les adversaires y sont traités avec une crâne rigueur; les fautes du parti catholique y sont omises ou avouées de telle sorte que l'enfant ne les verra sûrement pas. L'œuvre est celle d'un légitimiste convaincu doublé d'un prêtre.

Il n'y a qu'une façon d'être légitimiste convaincu ; il y en a plusieurs de comprendre la mission du prêtre. Le Père Gazeau n'est pas un prêtre au mysticisme détaché des vanités terrestres, voyant de haut les choses contingentes ; c'est un vrai jésuite, un prêtre militant, s'intéressant aux intrigues, à la lutte des partis, assoiffé de victoires terrestres pour les élus de Dieu en attendant le triomphe de la cause sainte en un monde meilleur ; un prêtre qu'enflamme la virulente haine de l'impie, et qui, peu soucieux des préceptes de la charité, chante insolemment victoire sur le corps de l'adversaire terrassé. Du reste, chantant parfois victoire alors même que battu. Ce n'est pas un apôtre de paix, pensant que seules la persuasion et la mansuétude gagnent les âmes, il croit à la conversion des mécréants par les bûchers et les coups de sabre.

En sa qualité de prêtre, le Père Gazeau voit dans l'histoire une longue leçon de religion où le doigt de Dieu ne cesse de pousser les fidèles vers la gloire, les impies vers l'abîme. Dans ses récits, la Providence revient à tout propos, et, quand elle s'est permis une indéniable absence, le bon Père lui cherche d'ingénieuses excuses. Ainsi : Comment expliquer l'insuccès de la deuxième croisade? — Par les mœurs déplorables des croisés.

Les désordres et l'impudicité étaient extrêmes dans les armées. Si à ces désordres on ajoute ceux qui régnaient parmi les chrétiens d'Orient dont la plupart ne valaient guère mieux que les infidèles eux-mêmes, on trouvera de quoi expliquer la conduite de Dieu sur cette croisade.

Mais quelle explication donner de la *conduite de Dieu* sur les croisades de Saint-Louis, au résultat si lamentable ? Le Père Gazeau reste muet là-dessus.

A propos de l'attentat de Poltrot de Méré contre le duc de Guise, autre intervention de la Providence. Poltrot, le crime commis, s'est sauvé ; *Mais la Providence qui ne veut pas qu'on méconnaisse la main d'où le coup est parti,* le fait arrêter le lendemain.

Le long du cours des siècles voici la procession des hérésies ; chacune à son tour est exécutée de main de maître.

Aux protestants le Père Gazeau ne connaît d'autre nom que « *les sectaires* ». Jamais il n'écrit *la Réforme*, mais la *prétendue Réforme, cet amas d'erreurs pernicieuses si propres à favoriser l'orgueil de l'esprit et le dérèglement des mœurs... Luther en assura le succès en décidant les princes à s'emparer des biens ecclésiastiques... Elle ne produisit partout que violences et brigandages. La guerre civile qu'elle alluma bientôt en Allemagne montra tout le danger d'un fléau si contagieux, et deux sectaires furent brûlés publiquement à Paris.*

C'est en petites phrases de cette simplicité calme que l'historien enregistre les moyens de conversion un peu violents employés par les catholiques à l'égard des *sectaires*. Le massacre de Vassy, *car c'est ainsi que la secte affecta de nommer une rixe fortuite,* est conté avec la même quiétude.

Coligny n'est pas aimé. L'auteur l'accuse de l'assassinat du duc de Guise, *crime dont la bassesse et l'atrocité doivent bien faire rabattre des éloges que les historiens protestants, et après eux quelques historiens modernes, ont affecté de donner à la probité de ce fameux chef de parti.*

Le Père Gazeau n'essaye pas de justifier la Saint-Barthélemy. Les circonstances atténuantes qu'il lui accorde sont dans les mots, non dans les phrases ; ce qui n'est pas maladroit. Certes il la qualifie de crime, mais de *crime d'État.* Comme vous voyez, la religion n'y fut pour rien.

Guise allant assassiner Coligny, *se rend à l'hôtel de celui qu'il n'a jamais cessé de regarder comme l'assassin de son père.* Ce fut un massacre, mais pas si grand qu'on veut bien le dire ; 1,200 victimes à Paris, 2,000 en province seulement. *Les autres chiffres sont exagérés.* Du reste, *nulle part on ne vit paraître les membres du clergé dans le massacre des calvinistes, sinon pour leur sauver la vie.* Mais hélas ! nous dit le chapitre suivant, *ceux des sectaires qui échappèrent au massacre n'en devinrent que plus furieux.* Les vilaines gens !

La révocation de l'édit de Nantes est ainsi appréciée : *Louis XIV voulut prendre les moyens de les ramener* (les sectaires) *dans le sein de l'Église..... Déjà le zèle des missionnaires appuyé soit par l'appât des récompenses, soit par les menaces des intendants opérait des conversions nombreuses*; mais Louis XIV, voulant en finir d'un coup, par un nouvel édit, révoqua l'édit de Nantes. *Le nouvel édit, conforme au vœu général, excita partout le plus vif enthousiasme.* Néanmoins le Père avoue qu'à certains égards il eut des conséquences fâcheuses. Pas un mot des dragonnades, mais l'aveu de l'émigration de

70,000 protestants, *selon les calculs les plus exacts.*

Dans l'ensemble des faits, l'historien s'attache à démontrer que toujours les protestants furent les agresseurs, qu'ils allumèrent la guerre civile, appelèrent l'étranger, — ce qui pour un émigré n'est pas un crime, nous l'allons voir, mais en est un pour les sectaires, — et s'ils furent quelquefois brûlés, le méritèrent bien.

Autre hérésie, celle des Albigeois dont le massacre est placidement approuvé.

Innocent III, attentif à conserver dans son intégrité la foi chrétienne, ne cessait de stimuler le zèle du roi de France et des évêques pour arrêter les progrès de cette dangereuse hérésie, autorisant des excès non moins funestes à la religion qu'à la société... La ville de Béziers ayant été prise d'assaut fut mise à feu et à sang. Carcassonne, Alby et plusieurs autres places eurent le même sort. — C'est tout.

Contre les protestants, les Albigeois et autres mécréants l'historien des jésuites nourrit une haine de religion, une exécration d'orthodoxe à hérétique ; dans sa haine contre les jansénistes pointe une note particulière, de rancune étroite, fielleuse et perfide. N'osant pas nier l'austérité de leurs mœurs, il la débine en petites phrases railleuses : *Leur grande affectation d'austérité chrétienne*, dira-t-il quelque part. Sur la lutte des jésuites contre Port-Royal, je cite : *Les jésuites passaient pour leurs plus redoutables adversaires ; ils avaient été les premiers à découvrir le venin de la nouvelle hérésie, et ils ne cessaient de la poursuivre dans ses vaines subtilités. C'en fut assez pour mériter la haine implacable des sectaires. Le célèbre Pascal, se cachant sous le voile de l'anonyme, attaqua les jésuites dans les « Lettres provinciales » qui n'étaient qu'un tissu de faits dénaturés et d'assertions exagérées ou calomnieuses*. Plus loin, les jansénistes se voient attribuer la paternité de la constitution civile du clergé.

A titre de légitimiste convaincu, le Père Gazeau d'un bout à l'autre de son histoire exalte l'absolue royauté de droit divin, qui seule à ses yeux peut faire la grandeur de la France en assurant le triomphe de la religion catholique. Les deux choses ne sont-elles pas inséparables ? Il raille à ce propos les Politiques *qui affectaient de mettre les intérêts de l'État au-dessus des intérêts de la religion comme si les uns et les autres n'étaient pas devenus inséparables dans la* **France** *catholique.* Dans ce mariage de la royauté et de l'Église, c'est, bien entendu, à cette dernière qu'il veut voir porter la culotte. A ce point de vue, la partie la plus curieuse de son ouvrage est le récit de la période moyen-âgeuse où domina le clergé. On y sent un peu partout la joie de fierté éprouvée par ce prêtre historien à constater la toute-puissance de l'Église au milieu de la société débutante de ces temps demi-barbares. L'Église trône, souveraine maîtresse, au-dessus des rois qui l'ont d'abord protégée et dont bientôt elle est devenue la suzeraine. Lui désobéissent-ils ? Elle les frappe d'excommunication, et tous les abandonnent ; tel Robert le Pieux. *Il ne lui resta*, nous dit le R. Père, *que deux serviteurs pour préparer sa nourriture ; encore faisaient-ils passer par le feu les plats où il mangeait et les vases où il buvait, comme ayant été souillés par un homme retranché de la communion des fidèles.* Ces précautions antiseptiques, cette confusion du spirituel et du matériel ne sont pas pour étonner le Père Gazeau ; il n'a même pas l'air de soupçonner que la puissance ecclésiastique devenait, dans des conditions pareilles, un peu gênante à l'autorité royale ; rien de tout cela ; il admire. Il n'aura que quelques mots sur le massacre des Albigeois, il a tout un chapitre sur la pénitence et la publique amende honorable du monarque. Tout le long de cette période primitive le défilé s'allonge des rois venant s'humilier aux pieds des prélats et des clercs devant le peuple assemblé : Philippe Ier, Louis VII, Henri II d'Angleterre, Philippe-Auguste lui-même, quoique deux fois croisé et d'autres encore, sans parler des derniers Mérovingiens dont les ciseaux monastiques taillaient à vif la couronne. Les rois sont, pour notre historien, les serviteurs de l'Église. Il les divise implicitement en deux catégories : ceux qui la défendirent envers et contre tous et ceux qui n'en firent rien, ou le firent avec trop peu de zèle. Là est, à ses yeux, le secret de leur grandeur ou de leur faiblesse. Si Charlemagne est couronné empereur, c'est en récompense *de ses exploits, de sa haute sagesse, de son zèle pour la conversion des infidèles et de la protection constante qu'il avait accordée à l'Église romaine*. Pour tracer le portrait de chaque souverain, il s'enquiert d'abord des sentiments religieux du monarque, de son observance des pratiques pieuses, et suivant le résultat de l'enquête, il lui départit l'éloge ou le blâme. *Activité, valeur, prudence, justice, respect pour la religion, il réunissait toutes les vertus qui caractérisent les vrais héros*, nous dit-il de Philippe-Auguste. Nous apprenons de Charles V que : *outre les jeûnes de l'Église qu'il observait avec la plus édifiante régularité, ce monarque jeûnait un jour de chaque semaine ; il s'approchait aussi tous les jours du tribunal de la pénitence.* Saint-Louis a toute l'admiration du Père Gazeau. Pourtant, dans une phrase malheureuse, on nous laisse entendre que Boniface VIII le canonisa pour faire sa cour à Philippe le Bel. Louis XI était *dévot à sa manière ;* il fut *le premier à qui ait été affecté d'une manière spéciale le nom de roi très chrétien.* Les rois, comme autant de prêtres, n'avaient en tête que le souci de la religion : *François 1er mourut avec la douleur de se sentir impuissant à ramener les sectaires* (les protestants), *et à les empêcher d'inonder la France de satires en prose et en vers où rien n'était épargné de ce qui tenait au culte et à la foi de l'Église romaine.* Voilà qui est nouveau. Nul autre historien, je crois, ne devina semblable souci dans l'esprit de François Ier expirant. Tout pareillement du reste, *Louis XIV mourut avec le triste pressentiment des ravages que le jansénisme devait faire dans l'Église et dans la société*

Mise à part leur sujétion au pouvoir ecclésiastique, le Père Gazeau veut les rois maîtres absolus des destinées de leurs peuples. Il est nettement partisan du droit divin, quoiqu'il parle du passage de ce droit sur la tête d'Hugues Capet en termes d'une naïveté charmante. *A la mort de Louis V, le trône si le droit d'élection n'eût prévalu sur le droit d'hérédité aurait appartenu à Charles, fils de Louis d'Outremer. Mais les seigneurs étaient en possession d'élire... Hugues Capet ayant eu soin de gagner tous ceux qui avaient le plus d'influence parmi les prélats et les seigneurs, en obtint la couronne d'une voix unanime. En vain Charles s'arma-t-il pour défendre ce qu'il appelait ses droits*.... etc. — Ces mots « *ce qu'il appelait ses droits* » valent un long poème dans la bouche d'un légitimiste aussi convaincu. Il est vrai que Hugues Capet a pour lui carte blanche. Quelques pages après se trouve un chapitre intitulé : *Hugues, défenseur de l'Église.*

Ce pouvoir ainsi fondé, le R. Père le défend envers et contre tous. Il condamne les rebellions de la féodalité et applaudit à son écrasement. Non qu'il ait la moindre haine contre les héraldiques barons ; bien au contraire ; les voici lavés du reproche d'ignorance : *Il n'est pas vrai que la noblesse française se fît un honneur de ne savoir ni lire ni écrire. On n'a pu trouver jusqu'ici un seul acte de cette époque* (xe siècle) *qui finisse par ces mots trop souvent répétés : « Et le dit seigneur a déclaré ne pouvoir signer, attendu sa qualité de gentilhomme. »*

Sur les droits féodaux nous trouvons cet aphorisme : *Les droits étaient sans doute fort étendus, mais ils n'étaient pas arbitraires ; le vassal n'était tenu de se soumettre qu'à ceux que la coutume avait établis et qu'il avait librement acceptés... Il est juste d'ajouter que les redevances féodales étaient peu onéreuses et que plusieurs se payaient par un simple témoignage de bonne humeur et de gaîté ; quelquefois il suffisait d'amener devant le seigneur un œuf garotté sur un chariot traîné par 4 bœufs soit encore un serin... Souvent on en était quitte moyennant un chapeau de fleurs, une danse, un accoutrement d'arlequin.*

On voit qu'il y a moyen âge et moyen âge. Celui du Père jésuite est pastoral en diable ; on y voudrait revenir. Il est vrai que, lorsque la perception de ces mêmes droits est par extraordinaire étendue au clergé, l'auteur change d'avis : *Le clergé lui-même fut condamné à payer des sommes exorbitantes*, nous dit-il ; et il proteste. Pourtant tout ami qu'il soit des hauts barons, il lui faut reconnaître que leurs mœurs étaient déplorables. Mais chez eux le fond restait bon ; qu'une peste noire survînt ou tout autre fléau, ils couraient à l'église. D'ailleurs, tous mouraient saintement.

Les communes révoltées ne sont pas plus applaudies que les grands vassaux rebelles. Etienne Marcel est qualifié de traître et d'audacieux scélérat.

En vrai monarchiste aux pures convictions, le Père Gazeau aime du pouvoir royal jusqu'au décor pompeux dont il s'entoure. Louis XI se voit reprocher son manque de tenue, le choix de ses conseils parmi les vilains, ses familiarités avec les petites gens. De ce chef et de bien d'autres, Louis XIV est le roi idéal. Sur ce monarque l'éloge ne tarit pas, atteint l'envolée du dithyrambe. Le Roi-Soleil eut bien quelques démêlés avec le Pape; mais il fit raser Port-Royal; que ses péchés lui soient pardonnés. Lorsque botté pour la chasse, le fouet en main, il abat la superbe du parlement, ce vieil ennemi des jésuites, l'historien de la Compagnie laisse déborder son enthousiasme.

Mais c'est surtout contre la Révolution de 89 que le Père Gazeau défend la royauté absolue. Son indignation reste à court d'expressions flétrissantes pour stigmatiser cette révolte de la lie populaire contre le régime qui avait fait, des siècles durant, la gloire et le bonheur de la France.

L'idée qu'il se fait de la Révolution se peut peindre en ces quelques mots contant les massacres de septembre: *On vit dans ces jours d'horreur les assassins chanter et danser autour de leurs victimes palpitantes, déchirer leurs entrailles, s'abreuver de leur sang, rôtir leur chair sur les places publiques et s'en rassasier.* Il fait beau l'entendre parler de M. de Lafayette *infatué des idées révolutionnaires*; du chant *sanguinaire* de la *Marseillaise*; des *prétendus droits de l'homme conçus en termes absolus et sans égard pour ses devoirs envers Dieu et envers ses sem-*

blables... L'aide prêtée à l'Amérique dans la guerre de l'Indépendance est hautement désapprouvée. Le serment du Jeu-de-Paume inspire cette réflexion judicieuse : *Tous les députés font serment de ne se séparer qu'après avoir donné une constitution à la France; comme si le plus ancien des peuples policés de l'Europe eût subsisté durant treize siècles sans avoir une constitution.* Les membres du clergé et de la noblesse sont blâmés d'avoir, dans la nuit du 4 août, renoncé à leurs privilèges : *Dans les transports d'un enthousiasme irréfléchi.., l'Assemblée comme saisie de vertige vote la suppression du régime féodal... Louis XVI, effrayé de ces décrets anarchiques, refusa d'abord de les approuver...* Louis XVI est, bien entendu, loué de tous ses actes, seulement blâmé de ses omissions ; s'il eût fait sabrer et fusiller les premiers fauteurs de l'émeute, tout était sauvé.

Le monarque personnifie la patrie ; il est la patrie; aussi l'émigration n'est-elle pas flétrissable : *A cette époque un grand nombre de Français qui ne pouvaient goûter la liberté du jour s'expatrièrent... Les uns ne voulaient que mettre en sûreté leur vie ou leur fortune menacées par les amis de la liberté; les autres moins pacifiques prétendaient soulever les puissances voisines en leur faveur et rentrer en France les armes à la main. On affectait de prêter à ceux-ci des idées de vengeance et des projets sanguinaires, mais ils n'avaient que l'intention de délivrer Louis XVI et de rendre au gouvernement sa forme primitive...* A leurs débuts, les succès des armes républicaines ne sont pas enregistrés sans répugnance. Valmy n'est pas pris au sérieux: *Les volontaires qui avaient juré de sauver la patrie n'eurent pas plus tôt aperçu les Prussiens qu'ils jugèrent prudent de battre en retraite. Les troupes de Kellerman montrèrent plus de courage. Après une canonnade de quelques heures elles chargèrent à la baïonnette et repoussèrent l'ennemi. Le roi de Prusse soit par suite de la disette et de la maladie, soit plutôt en vertu d'une convention secrète, reprit le chemin de la frontière sans être poursuivi... Valmy que l'on prôna comme une victoire éclatante...* etc.

La guerre des Vendéens excite un tout autre enthousiasme, ces Vendéens *que leur peu de communications avec leurs voisins avait préservés des erreurs et des désordres propagés en*

France depuis un demi-siècle sous le faux nom de civilisation. La France révolutionnaire n'est plus la France ; le Révérend Père a des phrases cruelles sur la déclaration de cette guerre fratricide : *La conjoncture était favorable ; Dumouriez venait de se déclarer contre la Convention ; les armées chassées de la Belgique rapportaient en France la terreur ; on était menacé d'une invasion...* Et plus loin, lors de la deuxième prise d'armes : *En 1799 la guerre extérieure fut malheureuse pour la France ; les mesures impolitiques du directoire jointes à l'à-propos des circonstances firent reprendre les armes.* Les Vendéens ont toutes ses préférences ; il nous peint en détail leur costume historié de chapelets et de médailles, leur manière de combattre : *Ils allaient au feu à pas lents, la tête nue, l'œil baissé, le fusil en bandouillère, et le chapelet à la main.* Légion de saints et de héros, à peine usent-ils de représailles en massacrant quelques Républicains ; quant aux massacres de la Chouannerie ils sont dus *à quelques brigands, se disant Vendéens mais désavoués par les véritables Vendéens.*

On le voit, le patriotisme au sens moderne du

mot n'est pas la qualité dominante de l'historien des Pères jésuites.

Une chose était curieuse à rechercher en cet ouvrage, la façon dont le Père Gazeau raconte et apprécie le rôle de la Société de Jésus dans l'histoire. Malheureusement presque partout un silence modeste est gardé à cet égard. On ne le rompt que pour nous montrer les disciples de Saint-Ignace gagnant la frontière victimes de la haine et des calomnies de l'Impiété. Sur les questions les plus communément discutées pas ou peu de mots. Le Père ignore-t-il qu'on accuse ses confrères d'avoir armé la main de Ravaillac, *ce monstre furieux et imbécile?* Pas même une allusion à cette calomnie ; seulement au bas de la page le rappel de l'attentat de Jean Chastel : *Le parlement et l'universite, ennemis déclarés des jésuites, prétendirent les impliquer dans cet attentat et obtinrent leur bannissement du royaume. Henri IV convaincu de l'innocence de ces religieux ne tarda pas à réparer l'injustice dont ils avaient été victimes. Il les défendit lui-même contre le parlement, les honora de sa confiance et leur donna le château de la Flèche qui devint un collège florissant.*

Le récit de leur expulsion sous Louis XV est le seul passage où il soit un peu longuement parlé des jésuites : *La Compagnie de Jésus célèbre depuis deux siècles par ses travaux et ses succès dans l'éducation, dans les missions, dans tous les genres de bonnes œuvres, comptait, distinction bien honorable, autant d'ennemis que la religion elle-même. Leurs attaques jusque-là n'avaient servi qu'à relever sa gloire en multipliant ses triomphes. Mais un prétexte inattendu permit de l'accabler enfin sous le poids de tant de haines invétérées.* Suit l'histoire de la banqueroute commerciale du Père Lavalette, *membre indigne* désavoué par les siens quand les affaires tournent mal, comme ayant agi à l'insu de ses supérieurs. Les tribunaux ayant condamné la Compagnie à payer les deux millions de passif, celle-ci fait appel au parlement : *Elle y trouve des ennemis, non des juges*, lesquels confirment le jugement et exigent que la société livre ses « Constitutions ». *L'abbé de Chauvelin et La Chalotais en firent paraître des comptes rendus inexacts et passionnés qui agitèrent l'opinion publique. On dénonça les constitutions de Saint-Ignace de Loyola comme incompatibles avec l'existence de la religion et de la société, et ce fut sous ce beau prétexte qu'éclata contre les jésuites une conspiration formidable composée de tout ce que la religion et la société avaient alors d'ennemis les plus dangereux.* Ces ennemis *les plus dangereux* sont Voltaire, Rousseau, les encyclopédistes, et les francs-maçons, dont chacun attrape sa volée de bois vert. Tous ces ennemis ligués se groupent autour de la Pompadour, *à laquelle un Père jésuite a refusé l'absolution de ses fautes.* La célèbre marquise entraîne le duc de Choiseul. Bref, les parlements, malgré les protestations du clergé, du pape, du roi lui-même, suppriment la Compagnie de Jésus, *renversant ainsi l'un des plus solides remparts que l'on peut opposer au débordement de la licence et de l'incrédulité. Jamais peut-être Louis XV ne montra-t-il autant de pusillanimité. Il aimait, il honorait la société proscrite, il lui donna des regrets et des larmes, et cependant il la laissa opprimer... De son côté, Choiseul poursuivit les jésuites hors de France, et demanda à Rome la suppression de leur Ordre qui fut prononcée quelques années plus tard pour toute la chrétienté.* Pas un mot de plus ; pas un reproche à l'adresse du pape. Mieux vaut ne pas insister sur cette condamnation de l'Ordre par un pontife infaillible. — Cette fin modeste est de par son tact exquis le passage le plus remarquable du livre.

J'en ai assez dit, je crois, pour caractériser l'esprit de l'histoire du révérend Père Gazeau. On comprendra sans peine, ceci lu, pourquoi les élèves des jésuites, d'esprit tant soit peu crédule, ne brillent pas par l'ardeur de leurs convictions républicaines.

IV

LEURS IDÉES EN LITTÉRATURE

On a souvent reproché aux jésuites de manquer de principes et de méthode dans leurs livres de morale; en matière littéraire le reproche opposé pourrait leur être adressé : trop de principes, trop de méthode, de distinctions, de classifications ; trop de pédantisme, trop d'absolutisme dans leurs jugements. Au lieu de comprendre que l'éducateur peut bien former ses élèves à la correction du style et de la parole, mais que pour le reste, pour le talent de penser et d'écrire, la nature est tout et que l'on doit seulement tâcher de la seconder en inspirant à l'élève l'amour de la littérature par la fréquentation des bons écrivains, les jésuites ont l'air de croire qu'ils peuvent, qu'ils doivent arriver à ce but par l'ennuyeuse récitation de traités dogmatiques. A ces traités ils donnent toutes les allures d'une série de théorèmes dont le postulatum premier repose sur l'infaillibilité d'une faculté reine absolue en la matière : Le goût. Quel goût? — Le leur. Nous allons faire sa connaissance.

Leur livre de chevet, celui sur lequel les jésuites comptent le plus pour initier la jeunesse à tous les secrets ou plutôt à toutes les ficelles de l'art oratoire et de la poésie, est un volume écrit en latin, par demandes et par réponses, que durant deux ans ils font réciter mot à mot à leurs élèves, semblant prendre à tâche de leur présenter la littérature comme la chose la plus ennuyeuse qui soit. Ce livre divisé en deux parties, les règles de l'*art de bien dire* et celles de la poésie, est intitulé :

DOMINICI DE COLONIA S. J.

De arte rhetorica libri quinque, et Josephi Juvencii ejusdem Societatis institutiones poeticæ, ad novos *scholarum usus accommodavit Fr. Desjacques S. J.* (Société de Jésus).

Les jésuites aiment les titres brefs suivant l'usage antique.

Une préface latine avertit le lecteur, *bonus*

lector, qu'il a la bonne fortune de posséder un exemplaire de cette œuvre tant de fois éditée, *toties editam*, due en partie à la plume de Josephus Juvencius, cet homme si érudit, *tam eruditi viri*. Érudit, le Père de Colonia ne l'est pas moins que Juvencius. Il possède le secret, perdu pour beaucoup, de voir dans les productions les plus spontanées de l'esprit des artifices prémédités, des ficelles, des formes savantes composées d'après des règles immuables. Quantité de figures à nom barbare défilent stupéfiant notre ignorance. *Quid est chria?* Qu'est-ce que la chrie? interroge le Père. Vous resteriez court. Le révérend Père de Colonia est mieux renseigné; il définit la chrie et en cite des exemples : Louis Veuillot, Lacordère ont, paraît-il, commis des chries. Qui sait? Peut-être chacun de nous s'en est-il rendu coupable sans le savoir.

Puis vient la liste des moyens de tirer à la ligne par toutes les ficelles de redondance : *Amplificatio per congeriem, per comparationem, per incrementum*, etc... Je note un chapitre consacré à l'*imitation*, comme caractéristique des idées des jésuites en la matière. Ils ont sur l'imitation des maîtres les idées du XVIIe siècle.

L'imitation, si elle est bien faite, concourt grandement à l'éloquence. Lafontaine en recommande l'usage :

Si d'ailleurs quelque endroit plein chez eux d'excellence
Peut entrer dans mes vers sans nulle violence,
Je l'y transporte... etc.

Dans ce procédé, dont l'auteur étudie longuement les règles, gît le salut de la littérature française tombée si bas depuis que chacun s'est avisé de vouloir penser et écrire à sa guise.

La procession des mots barbares reprend. Successivement nous étudions l'expolition, l'épiphonème, l'hypotypose,... etc. que suit l'aimable chœur des tropes : métonymie, synecdoche et autres. Tout est analysé, tout est catalogué, tout est prévu. On nous indique de quel lieu commun nous pourrons gonfler le vide dans tel ou tel cas. Avons-nous à confectionner une oraison funèbre ? Nous tirerons l'exorde soit de notre chagrin *par exclamation*, soit de la description de l'appareil funèbre, soit de quelque *apophtegme* sur la fragilité des choses humaines. Le bon Père va jusqu'à préciser quelles qualités morales sont nécessaires à l'orateur qui veut convaincre, et nous indique comment, si nous sommes inconnus de l'auditoire, nous devons nous y prendre pour lui insinuer que nous possédons les qualités requises : *Prudentia, probitas, benevolentia*. On n'est pas plus complet ni plus pédantesquement ennuyeux. Durant deux ans j'eus le plaisir d'apprendre mot à mot le latin de cet excellent ouvrage ; il me donna une peu flatteuse idée des jouissances que la littérature réserve à ses élus.

L'opinion critique des Pères sur nos écrivains ne manque pas non plus de fraîche nouveauté. Pour eux, en littérature comme en tout le reste, seul le XVIIe siècle existe. Ce qui précède et ce qui suit ne valent pas qu'on en parle. Même, contre ce qui suit ils ont une bonne petite haine. Le Père Gazeau appréciant la littérature du XVIIIe siècle s'exprime ainsi :

« *Le goût s'altéra ; le langage des belles-lettres devint chez les uns un jargon semé d'antithèses éblouissantes et de pointes épigrammatiques ; chez les autres un galimatias composé de phrases emphatiques auxquelles il ne manquait que le sens et la vérité. Enfin la maladie du néologisme s'empara de nos auteurs et acheva de défigurer notre littérature. On peut néanmoins citer quelques auteurs qui échappèrent à la corruption générale et se rapprochèrent plus ou moins des grands modèles du* XVIIe *siècle.* » Et le Père Gazeau cite les noms de ces incorruptibles. A l'exception de Gilbert, Delille et Gresset tous sont d'illustres inconnus : *Le Beau*, *Charlevoix*, *Velly*, *Proyart*, *Bateux*, *Coffin*, *Fréron*, *Clément*, *Berthier*, *Nonotte*, qui, paraît-il, vengèrent le trône et l'autel. Voltaire et Jean-Jacques Rousseau sont à peine nommés ; nulle mention de Diderot, ni de Beaumarchais, ni de Prévost.

Quant à leur opinion sur la littérature du XIXe siècle, les jésuites n'ayant pas de mon temps écrit une histoire de cette littérature, je dois pour la caractériser recourir à deux phrases détachées de leurs ouvrages classiques, et au souvenir des critiques émises à son sujet par mes professeurs. Dans son *Analyse des auteurs français de la rhétorique*, citant une phrase où Voltaire décrie le style de son temps, le Révérend Père Mestre la fait suivre de ce commentaire : *Ah ! qu'aurait dit l'auteur de Zaïre s'il avait vu éclore les romans*

6

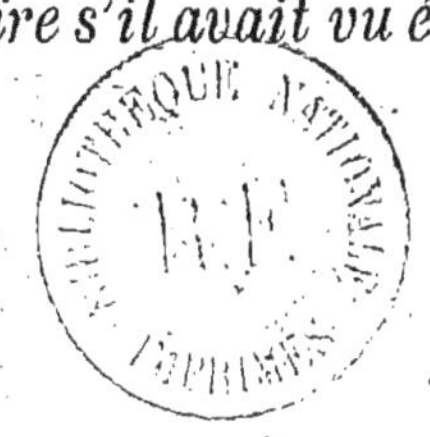

de M. About, ceux de Th. Gautier et de l'immonde Zola, les odes funambulesques de Banville et les productions monstrueuses de Victor Hugo qui semblent un perpétuel défi jeté au bon sens et au goût. A propos des trois unités je lis plus loin : *L'école romantique représentée surtout par Victor Hugo a fait bon marché de cette règle des trois unités; mais les productions monstrueuses qu'on a vu éclore ne justifient point les hardiesses des novateurs.*

Ces courtes citations suffisent, je pense. Du reste, le Père Mestre n'a pas l'air très renseigné sur la littérature actuelle; comme sonnettistes éminents qui cite-t-il ? Sainte-Beuve, Musset, Autran, de Laprade, de Ségur.

Pour professeur d'humanités la Providence me fit cadeau d'un jeune jésuite en qui j'ai pu goûter pleinement la saveur des idées littéraires de l'Ordre. Boileau, Racine, Corneille étaient les seuls poètes qu'il jugeât dignes d'être lus. Encore trouvait-il ce dernier entaché de mauvais goût. — Le goût ! c'est au nom de ce fameux goût, leur grand cheval de bataille, que les jésuites s'appliquent à tuer en leurs élèves toute personnalité. Ils y réussissent trop souvent. — Mon jeune professeur avait voué à Victor Hugo une haine particulière comme au porte-étendard du mauvais goût. Utilisant les leçons tant de fois répétées sur l'excellence d'une ingénieuse imitation, je m'amusais à cueillir dans les *Odes et Ballades* du Maître des comparaisons que j'intercalais dans mes productions personnelles. Pas une qui ne m'ait valu, en marge, cette annotation : Mauvais goût, puérilité. Ce n'est pas que le Révérend Père en reconnût l'auteur ; au plus fort d'une diatribe contre ledit poète, il avoua un jour ne l'avoir jamais lu : « Est-ce qu'on lisait de pareilles monstruosités ! Ce n'était bon qu'à vous déformer le goût. » Par contre, il chérissait Delille, dont les idées politiques et littéraires lui étaient également sympathiques. Delille n'est-il pas l'excellent poète, auquel nous devons, dans un classique parallèle entre les abeilles et les fourmis, ces vers étonnants :

Je compare, j'oppose à l'essaim monarchique (*les abeilles*)
Ces fourmis qui sans arts, sans palais élégants
Habitent dans un antre et vivent en brigands.

. . . .

Moi, je suis pour un chef ; son pouvoir est plus doux.
(*Imagination*, chant I).

Ce bon Père nourrissait une autre faiblesse, celle-ci pour le Tasse. Quand nous avions été bien sages, il ouvrait dévotement une traduction juxta-linéaire de la *Jérusalem délivrée* et nous en servait un morceau. Joies très pures !

Partant en vacances, j'eus la candeur de lui demander une liste d'ouvrages à lire durant mes loisirs campagnards. Il accéda bénévolement à mon désir. De la liste remise l'ouvrage le plus littéraire, le plus intéressant, était un livre de Xavier Marmier ; pour le reste : les œuvres d'Ozanam, *la Verte Erin*, etc. J'omis d'en faire usage.

Le leader de la critique littéraire chez les jésuites est le Révérend Père Mestre, auteur du livre d'analyse consacré aux écrivains dont le baccalauréat exige l'étude détaillée.

Ce livre s'ouvre sur Pascal. Les *Provinciales* sont assez durement appréciées. Sans doute, il y avait bien quelque chose à reprendre dans les livres que Pascal incrimine : *Ce serait vraiment un miracle si pendant plus de 200 ans, sur un si grand nombre de théologiens traitant des matières les plus abstruses, pas un n'avait laissé échapper quelque erreur.* Néanmoins, *c'est un rôle bien peu honorable pour Pascal d'avoir mis une plume immortelle au service de la haine janséniste. Calomniateur de génie, tant qu'on voudra; mais calomniateur! La flétrissure durera autant que la gloire de l'écrivain.* Du reste, qui donc lit les *Provinciales? — Les petites lettres charmantes pour les femmelettes irréfléchies du grand siècle, et pour tous les impies affamés de scandales sont extrêmement monotones, ennuyeuses et fatigantes à lire.* — Pour le style, Pascal *a oublié de sacrifier aux Grâces.* Puis, *ce style qu'on a tant vanté est souvent fort peu clair. Que voulez-vous? Le mensonge, les détours tortueux de la pensée ne portent pas bonheur à l'écrivain.*

Bossuet, Labruyère, Buffon, Fénelon passent n'emportant que des éloges. A Corneille, le reproche d'avoir souvent manqué de goût, et nous voici à Boileau, le poète préféré, qualifié d'auteur de génie. Le *Lutrin* n'est-il pas le plus beau poème héroï-comique que possède la langue française? *Nulle autre part Boileau ne s'est montré plus poète.* L'épître à Lamoignon témoigne de son auteur qu'il avait le sentiment vif et délicat des beautés de la nature. L'*Art poétique* est non seulement un pur chef-d'œuvre, mais le formulaire définitif des règles du bon goût. Boileau est à ce

6.

propos qualifié d'*oracle de l'orthodoxie littéraire. L'Art poétique nous éclaire et nous rend meilleurs.* Le seul reproche adressé au dieu du Parnasse français est d'avoir fait fi du merveilleux chrétien.

Racine vient au même rang dans l'affectueuse admiration des Pères, *Jean Racine le plus parfait de nos poètes tragiques. Esther* et *Athalie* excitent l'enthousiasme du Père Mestre. Pour cette dernière pièce, exaltation de la théocratie cruelle et roublarde, qui à ce titre produit sur les nerfs de certaines gens une sensation pénible, le critique se transforme en louangeur délirant : *Cette pièce est le chef-d'œuvre du genre, la plus belle et la plus parfaite des tragédies tant anciennes que modernes.* Le caractère de Joad est admirable : *C'est un type de prêtre soldat, défendant à la fois le trône et l'autel, tenant d'une main l'épée et de l'autre l'encensoir... Cependant de ces hauteurs sereines où plane l'âme du Pontife tombent des foudres et des anathèmes quand il s'agit de faire respecter les volontés du Tout-Puissant. Il est dur et impitoyable et ne consulte pas de vains ménagements..... Certains critiques ont éte scandalisés de voir Joad employer l'équivoque pour attirer Athalie dans le temple comme dans un guet-apens, et ordonner froidement sa mort. Voltaire trouve un tel personnage dangereux pour la sûreté d'un Etat, et il voudrait le faire enfermer. Mettre à mort cette reine impie et usurpatrice, qui voulait établir le culte de Baal en Israël était un acte de justice devant la loi juive... La ruse de Joad n'est qu'une ruse de guerre fort légitime. Si Athalie est prise dans son propre piège, elle ne doit s'en prendre qu'à elle-même !...* Ne croirait-on pas lire l'apologie du disciple de Saint Ignace de Loyola ?

La Fontaine ne recueille que des éloges surtout à cause de sa fin très pieuse, *qu'on attribuerait faussement à un affaiblissement mental chez le fabuliste.*

Voltaire reçoit sa mercuriale. Comme écrivain il eut du talent, comme homme ce fut le pire scélérat. Aussi mourut-il *dans la rage et le désespoir, criant : « Je meurs abandonné de Dieu et des hommes... » On peut admirer Voltaire, mais malheur à celui qui aimera cet homme-là. C'est le dernier des hommes après ceux qui l'aiment, a dit J. de Maistre.* — Le meilleur ouvrage de Voltaire est *Zaïre*, peut-être à cause de la tirade de Lusignan. A ce propos, un Père jésuite nous disait : « Voltaire a été bien ingrat envers cette religion à laquelle il a dû sa plus pure et sa plus belle inspiration ».

Molière clôt la série. Le Père Mestre le défend contre la méprisante sévérité de Labruyère et de Fénelon. Non ! Molière avait du génie : *mais la dignite personnelle, la fermeté des principes, l'exacte soumission à la règle chrétienne, toutes ces qualités communes aux grands écrivains du grand siècle manquèrent à l'auteur du Tartufe... Toutes les pièces de Molière sont dangereuses par quelque endroit..... La religion et la morale auraient de bien graves reproches à adresser à Molière.* Surtout à cause de *Tartufe*, cela va sans dire : Reproche curieux ; ce Tartufe, le Pere Mestre ne le trouve pas assez Tartufe : *Il faut un certain art pour tromper même des gens pieux, et Tartufe n'en a point* La modéste préface mise par Molière en tête de sa pièce est dite *pleine de superbe et presque d'insolence ;* et le Père, enfermant Molière dans un dilemme, conclut : *Dans cette préface vous me paraissez un peu Tartufe vous-même, ne vous en déplaise.* La pièce est franchement mauvaise : *Il s'exhale de cette œuvre une odeur de haute corruption qui porte au cœur et à la tête..... La religion et la piété sont choses trop saintes pour qu'il faille en montrer l'abus et le travestissement sur les planches.* Le grand succès de l'ouvrage s'explique sans peine: *Un ouvrage qui semblait donner raison à l'immoralité sous prétexte de bafouer l'hypocrisie avait grande chance de succès dans une société corrompue.* Surtout n'admirons pas le Tartufe: *Oui, je l'ose assurer, quiconque se plaît au* Tartufe *aime peu sa religion, et je tiens pour suspecte son honnêteté.*

Boileau, Corneille, Racine, Molière et les autres, tous ceux-là furent grands ; efforçons-nous à les imiter. Pourquoi chercher à faire autrement qu'ils ne firent ? ils ont atteint la perfection du fond et de la forme ; le seul moyen d'en approcher à notre tour et de marcher sur leurs talons. Ils furent grands parce qu'ils imitèrent les anciens, imitons leurs imitations.

L'idéal des jésuites en littérature est donc une série indéfinie d'imitations de plus en plus imitées : cet idéal, ils ne se contentent pas de le prôner en théorie, leurs ouvrages le réalisent ; un relent de réminiscences classiques s'en exhale à chaque page. Témoin le théâtre du spécialiste dramaturge de l'Ordre. A ce théâtre les élèves empruntent les pièces qu'ils jouent dans les grandes solennités sur la scène du collège. Ce sont, pour la plupart, des tragédies où les confessions de foi et les martyres tiennent la meilleure place. Je me souviens d'avoir été crucifié dans une de ces pieuses compositions. Doux souvenirs ! j'avais la foi. J'ai vécu avec plus d'intensité que si l'événement eût été réel tous les enthousiasmes des croisades, et la joie du martyre sans la douleur.

Ces pièces, toutes versifiées, sont particulièrement remarquables par la facture du vers. A chaque instant on se tâte, se disant : « Mais, j'ai lu ceci quelque part. » L'imitation des classiques les serre de si près que nous frisons la réminiscence consciente. Au hasard je prends une tragédie : *Les Flavius*, et je cite :

.....Pauvre enfant, dans un âge si tendre
Instrument de complots qu'il frémirait d'entendre

. . . .

Mais d'où vient ce courroux à leur perte animé ?

. . . .

L'empire, je le sais, ne craint plus d'ennemis.
Le Parthe est divisé ; Décébale est soumis.

. . . .

... Dieux ennemis !
Est-ce le coup fatal que vous m'aviez promis ?

D'autres relents plus modernes :

O mes illusions, qu'êtes-vous devenues ?

. . . .

Cet empereur, ce dieu, pauvre jouet doré !
Hochet dont je m'amuse et que je briserai.

Les exclamations classiques « Ciel ! Dieux ! » n'ont garde de manquer à la fête :

Dieux vengeurs ! Est-ce mon châtiment ?

Un personnage entre-t-il en scène ? Un complaisant l'annonce :

On vient... C'est Elymas !

Dans une comédie *Le Souper d'Auteuil*, je relève :

> Avant-hier il m'aborde, et d'un maintien fâché :
> « Ah ! Lulli, me dit-il, je suis bien empêché !... »

N'en déplaise au Père Mestre, si c'est là vraiment la littérature où doivent se complaire les gens de bon goût, j'avoue avoir très mauvais goût, et crains de n'être pas le seul.

EN MATIÈRE D'ART

Sur les idées des jésuites en matière d'art je ne dirai rien, n'en sachant pas davantage. J'ai passé neuf ans chez eux sans jamais entendre prononcer un seul mot à ce sujet. Pour les Pères, les beaux-arts n'existent pas, ou plutôt ne devraient pas exister. Ce sont pièges de Satan propres à nous induire en tentations, épithalames luxurieux en l'honneur de cette guenille charnelle d'où viennent toutes nos chutes. L'Art, il est vrai, prêta la magie de sa palette, de ses ciseaux, de ses harmonies à la glorification de Dieu, A. M. D. G; mais pour si peu de bien que de mal n'a-t-il pas fait? Mieux vaudrait qu'il ne fût pas.

UN PEU DE PHILOSOPHIE

La philosophie, nous dit le Père Jaffre, philosophe actuel de la Compagnie, *est la science des choses supra-sensibles acquise par le raisonnement.* Il semble donc qu'en dépit de l'exergue: A.M.D.G.S.B.M.V.I., lequel aggrave la devise ordinaire du souci de la plus grande gloire de la bienheureuse Marie, Vierge immaculée, nous allons enfin trouver un livre de pur raisonnement et non une constante leçon de catéchisme. Malheureusement le Père Jaffre a une façon à lui de comprendre le rôle de la raison : *La raison, dit-il, a le droit et le devoir de se démontrer à elle-même que la révélation en général est possible; elle a le droit et le devoir de vérifier les titres qui prouvent que la révélation a eu lieu, miracles, prophéties, témoignage historique. Quand cela est fait, il lui reste le devoir strict de se soumettre à l'enseignement révélé, de l'accepter tout entier sans prétendre au droit de juger sa valeur intrinsèque ou d'expliquer rationnellement ce qui doit rester un mystère.*

Il y a là un léger cercle vicieux dont le Père Jaffre ne paraît pas soupçonner l'existence. Pourquoi dès lors le relever vertement quand il se montre sous le manteau d'une théorie adverse, du scepticisme par exemple ? *Le scepticisme*, nous dit-il, *est logiquement absurde. — En effet, le sceptique soutient que la raison n'est jamais certaine. Or, comment se forme-t-il cette conviction? N'est-ce pas en se servant de la raison? Donc dans l'acte même où il décrète que la raison ne mérite aucune confiance, il se confie à la raison, s'en sert pour la détruire, et se contredit formellement.*

Morale :

« On se voit d'un autre œil qu'on ne voit son prochain. »

Tels les prêtres enseignant que les fausses religions ont aussi leurs miracles; mais, prétendent-ils, ces miracles sont l'œuvre du diable, tandis que ceux de la religion catholique ont Dieu pour auteur.

Cette compréhension orthodoxe du rôle de la raison nous fait prévoir une philosophie de méthode spéciale. Cet espoir n'est pas déçu.

Les questions les plus ardues trouvent chez le Père Jaffre une solution facile grâce à l'emploi de tout un système d'explications aussi simples que catholiques.

D'abord le grand *Deus ex machina* : la volonté divine. Quand le problème se pose de savoir comment et pourquoi telle chose inexplicable existe : « c'est que Dieu l'a voulu ainsi », répond le Père Jaffre. Comment, par exemple, expliquer l'existence du monde ? Par l'existence de quelqu'un qui l'a créé.

Resterait à expliquer l'existence de cet être tout aussi inconcevable qu'un monde incréé.

L'intervention de Dieu ne se limite pas à ces questions de métaphysique transcendante ; un peu partout il accourt, sauveur souhaité, apportant la solution des problèmes :

Origine et fondement du droit de propriété.— Le titre fondamental qui donne à l'homme le droit de posséder quelque chose lui vient de Dieu, maître et seigneur absolu. Ce droit fut donné au premier homme et à ses descendants par ces paroles de la Genèse : « Replete terram et subjicite eam, et dominamini piscibus, volatilibus et universis animantibus ».

Nous vient-il quelques doutes sur la réalité du monde extérieur ? Voici de quoi nous rassurer :

Nous avons une propension constante et invincible à croire à la réalité du monde extérieur. *Or, si malgré une propension pareille, nos sensations n'avaient pas un objet réel et vrai, Dieu nous tromperait de la manière la plus cruelle, et sans nous laisser aucun moyen de nous désabuser. Or Dieu ne pourrait agir ainsi sans manquer absolument à sa sagesse, à sa véracité, à sa bonté, comme nous l'avons déjà remarqué en parlant de la certitude de la mémoire.* En effet, l'argument a déjà servi plus bas, et resservira en bien d'autres endroits.

D'où vient l'âme ? se sont demandé quelques philosophes. — *L'âme humaine est immédiatement créée par Dieu et unie au corps de l'homme quand celui-ci peut la recevoir. Il n'est pas opportun d'en dire davantage sur cette délicate question.*

D'autres fois c'est la ressemblance de l'homme avec Dieu qui sert de fil d'Ariane. L'homme a été doté du langage, car : il est fait à l'image de Dieu, lequel a de toute éternité fait corps avec son Verbe divin.

Pour quelqu'un d'infiniment puissant il n'est pas de difficultés même en philosophie ; dans le livre du Père Jaffre, Dieu les lève toutes.

Autre détail de méthode simplificative.

Parfois le philosophe, après qu'il a longtemps travaillé à établir comme indiscutables deux propositions distinctes, s'aperçoit que les deux pseudo-vérités se contredisent. Que faire en ce cas ? Voici :

Quand deux vérités sont démontrées chacune par le genre de preuves qui lui convient, la raison dit, par la bouche de Bossuet, qu'il ne faut pas les abandonner parce qu'on ne voit pas le moyen de les concilier ensemble. Cette impossibilité où nous sommes de les accorder prouve, non la fausseté respective de ces deux propositions, mais la faiblesse de l'intelligence humaine.

Le Père Jaffre use de cette impartiale conciliation dans le conflit déclaré entre la prescience divine et la liberté humaine. Sur ce sujet, du reste, il ne borne pas sa démonstration à ce seul argument : *Ce que Dieu a prévu arrivera certainement; mais cela n'arrivera pas nécessairement et fatalement. Si je contemple d'un lieu élevé une foule qui se précipite et s'avance vers un pont situé devant elle, je sais déjà qu'elle y passera certainement; mais je sais aussi que ma présence ne lui impose aucune nécessité, et que sa liberté reste entière.* — Un de mes surveillants, le Père Moissec, affectionnait les démonstrations de ce genre. « Le mystère de la sainte Trinité, disait-il, rien de plus simple ; voyez cette barette ; il y a trois cornes, et pourtant cela ne fait qu'une barette ».

Pourtant à ce principe si commode, l'auteur en ajoute bientôt un autre qui n'en est pas la confirmation :

Lorsqu'une vérité a paru établie, et que par déduction on vient à en tirer des conséquences regrettables, on doit conclure que la vérité était une erreur.....

On prouve la réalité objective des idées d'une manière indirecte en montrant les contradictions dans lesquelles on tombe, et les ruines qu'on amoncelle quand on essaye de la contester. — Si la perception externe nous trompait, la religion disparaîtrait avec la société. La puissance divine elle-même serait anéantie ! Seul le mensonge peut produire de pareils résultats, car la vérité étant un bien, d'elle ne peut sortir le mal.

J'ai eu plus d'une fois occasion de voir mes maîtres appliquer ce procédé suppressif. Devant toute déduction battant en brèche une idée reçue, ils prenaient peur et sacrifiaient le principe, fût-il du bon sens le plus évident.

A titre de sophisme, un de nos professeurs nous citait un jour le mot si tristement vrai du philosophe sur la gloire des morts : « Dire que César vainquit Pompée, revient à dire que quelqu'un vainquit quelqu'un ». Au moment de réfuter ledit sophisme, notre professeur s'arrêta court, ne trouvant rien. Il y eut un silence pénible ; puis une révolte de colère, presque de peur, le secoua : « Sans doute c'est très spécieux, reprit-il, on ne sait trop que répondre... Mais alors la gloire ne serait qu'un mot!.. Non! non! c'est impossible!... » Et nous passâmes à l'exécution du sophisme suivant : « Le lévrier et le lapin ».

Enfin, moyen suprême de convaincre le lecteur et de pulvériser l'adversaire alors qu'il vous croit à bout d'arguments : exciper de l'autorité des livres saints et des conciles.

Le traditionnalisme est faux ; n'a-t-il pas été condamné *par la congrégation de l'Index et le Concile du Vatican ?*

Platon enseigne que les âmes ont été produites à l'origine des temps et placées dans des astres déterminés; mais qu'en punition d'une faute commise elles furent unies à des corps avec faculté, si elles vivent saintement, de retourner dans leur premier séjour. Cette hypothèse, assez semblable au dogme de la faute originelle, est ainsi critiquée par le Père Jaffre :

Cette hypothèse inepte fut condamnée par le cinquième concile œcuménique tenu à Constantinople. Elle est en opposition avec le récit biblique et la tradition unanime des docteurs de l'Église.

Donc si le traité du Père Jaffre est de la philosophie, il est tout au plus de la philosophie scolastique. L'auteur ne cache pas du reste ses préférences pour cette école orthodoxe. En bien des endroits est invoquée l'autorité de ses docteurs, tous décorés de surnoms glorieux : *doctor seraphicus, doctor angelicus*, etc... Par-ci, par-là se lamentent des plaintes sur les barbares nécessités du programme officiel, lesquelles obligent le maître à s'écarter du scolastique enseignement.

Le programme actuel sépare l'instinct des instincts. Cette division nous paraît peu raisonnable. Cependant, dans l'intérêt des élèves nous devons l'accepter...

Dans cette description de la sensibilité, plu-

sieurs choses paraîtront peut-être vagues, obscures, ou même peu exactes; c'est moins notre faute que celle du programme actuel et de cette philosophie moderne qui, rompant avec le passé, rejette la division scolastique et crée sans raison une nouvelle faculté primordiale, la sensibilité.

Quelques termes sont semés de pur argot scolastique : Il est parlé de la *quiddité de Dieu*. Les mathématiques étudient *la quantité continue et discrète*. De temps à autre une chinoiserie à la mode de « l'École » : Étant admis que tout pouvoir politique vient de Dieu, *comment Dieu communique-t-il le pouvoir à celui qui l'exerce ? Est-ce d'une manière immédiate, par lui-même, ou d'une manière médiate, par l'intermédiaire de la société ? Selon la deuxième opinion, au moment où se fait la désignation des personnes qui doivent exercer le pouvoir, non seulement la société désigne le sujet, c'est-à-dire met la condition nécessaire pour que le pouvoir soit communiqué, mais elle le communique elle-même réellement, l'ayant auparavant reçu de Dieu*, etc.. Et le Père ajoute que sur cette question *si grave*, il se range à l'avis de Suarez.

En bon scolastique, l'auteur accorde à la logique

et à la théodicée une importance que leur refusent les manuels universitaires. Ces deux parties noircissent à elles seules près de la moitié du volume.

La logique est amoureusement détaillée dans toutes ses subtilités de forme. Le syllogisme s'y étale, s'y développe envahisseur, égrenant le chapelet de ses modes : Barbara, Darapti, Datisi, Disamis, Baroco, Bocardo, etc... Les vers barbares de la scolastique en donnent les figures : *Sub præ tum præpræ tum sub sub denique præ sub.*

C'est à l'usage que la scolastique a fait du syllogisme que notre langue française doit ses habitudes de précision et de clarté... Pendant longtemps il a été de bon ton de plaisanter sur les modes et figures du syllogisme, autant vaudrait se moquer des formules algébriques.

Les autres arguments, enthymème, épichérème, prosyllogisme, sorite, dilemme, sont plus brièvement mais non moins flatteusement traités.

Viennent les sophismes ; je relève comme moyens de les résoudre : (*a*) *l'amour sincère de la vérité*, (*b*) *une vigilance constante sur ses passions.*

Pour clore la logique, l'indication des moyens

d'éviter l'erreur : *La modestie et la vertu..... Ajoutons qu'il faut recourir par la prière à celui qu'on appelle le Dieu des sciences et dont le Verbe illumine tout homme venant en ce monde.*

En psychologie, à l'âme la meilleure part.

L'âme est la forme du corps, a dit la scolastique. Pie IX a précisé : « L'âme est la forme immédiate du corps. » D'où renvoi à la distinction de la forme et de la matière. La nature de l'âme, son mode d'union avec le corps, sa diffusion en lui, son origine sont longuement étudiés. Nous apprenons que les âmes ne sont pas susceptibles de division. L'âme est immortelle : (*a*) Parce que Dieu ne peut vouloir son anéantissement. — Sa justice et sa bonté s'y opposent ; (*b*) parce qu'elle désire l'être ; (*c*) parce que tous les peuples l'ont cru ; (*d*) enfin parce que le poète Delille l'a dit.

> Lâches oppresseurs de la terre,
> Tremblez, vous êtes immortels !

Traitant de la liberté de l'homme, le Père Jaffre s'inquiète de savoir si Dieu ne serait pas moins libre que sa créature. Car Dieu ne pouvant vouloir le mal — ses attributs s'y opposent — n'est pas libre de choisir entre le mal et le bien. — Sans doute ; mais : *L'essence de la liberté ne consiste pas dans la faculté intrinsèque de pouvoir choisir entre le bien et le mal... La perfection de la liberté sera de pouvoir choisir entre deux biens, sans avoir la puissance de se déterminer vers le mal... Oui, se mouvoir à l'aise dans le bien, comme un poisson dans l'eau, voilà la force et la perfection de la liberté.*

Dans l'ontologie, notons seulement la définition du beau, *la splendeur de l'ordre*, comme résumant les appétits de régularité, de classement quand même, de symétrie dans la forme qui caractérisent le goût des jésuites.

Avec la théodicée nous plongeons en pleine théologie.

Quelques paragraphes consacrés à dire leur fait aux athées ouvrent le feu.

Il faut distinguer deux sortes d'athées: *L'athée pratique qui vit comme si Dieu n'existait pas ; l'athée spéculatif qui soutient que la raison démontre la non-existence de Dieu... Il ne peut y avoir, nous l'affirmons sans hésiter, d'athée spéculatif et convaincu. Car les preuves de l'exis-*

tence de Dieu sont trop évidentes, trop palpables, pour autoriser une telle négation ou un tel doute. Dieu, du reste, se devait à lui-même de ne pas laisser le moindre nuage autour d'une vérité si fondamentale.

En conséquence vingt-six pages, — et quelles pages! — sont consacrées à développer l'évidence de ces preuves. La citation des fameux vers de Voltaire clôt péremptoirement la démonstration :

Le monde m'embarrasse, et je ne puis songer
Que cette horloge existe et n'ait point d'horloger.

Qui donc oserait nier alors que le grand négateur ne l'osa point? Du reste à l'athée spéculatif nous opposerons cette fin de non-recevoir :

L'humanité croit à l'existence de Dieu, l'athée prétend réduire à néant cette croyance; l'humanité n'a qu'à lui répondre : « Je possède. Vous niez que ma possession soit légitime; ce n'est pas à moi qu'incombe le devoir d'exhiber mes titres authentiques. A vous de prouver contre moi; car possession vaut titre ».

Le citateur ignore-t-il l'intégralité du dicton juridique : « En fait de meubles, possession vaut titre » ? Ou assimile-t-il implicitement à un meuble la croyance à l'existence de Dieu ?

L'existence de Dieu démontrée, nous passons à l'étude de ses attributs :

Dieu est infiniment simple. Dieu connaît certainement les futurs libres et les futurs conditionnels. Dieu n'a pas de vices. — Nous y comptons bien. — *La fin que Dieu se propose dans ses actes extérieurs est sa gloire intrinsèque. Le but assigné par Dieu aux êtres créés est de manifester sa gloire extrinsèque.* — Double et ingénieuse justification de la devise A.M.D.G. Le monde et Dieu lui-même travaillent *ad majorem Dei gloriam.* Dieu n'est d'ailleurs pas ingrat envers sa créature; il concourt *immédiatement* à toutes ses actions. Certain passage des « bonnes religieuses de Poissy » est par là-même légitimé: « Croc! croc!... mon Dieu, je vous l'offre! » M. Jules Simon voit à ce propos réfuter *ses théories audacieuses.* Pour les jésuites M. Jules Simon représente un sectaire avancé !!...

Enfin, nouveau Pangloss, le Père Jaffre constate que : *La Providence gouverne et régit toutes choses avec une parfaite sagesse.*

Les théories développées en cette théodicée

sont de la plus pure orthodoxie. On pourrait seulement leur reprocher d'avoir voulu préciser des points qu'il eût mieux valu laisser dans le vague. Dieu étant le grand Inconnaissable, tous les syllogismes les plus serrés ne perceront le mystère qui le couvre qu'à grand renfort de prémisses douteuses. Encore devons-nous savoir gré à l'auteur de ne nous avoir pas entretenus des Anges et des divers grades sur lesquels s'échelonne leur céleste hiérarchie. Saint Thomas, *doctor angelicus*, le fit dans sa Somme théologique. Ceci pourrait passer à juste titre pour le dernier degré de l'information.

La morale est, selon le Père Jaffre, fondée sur la théodicée. *Dieu n'est-il pas la fin dernière de l'homme et sa félicité objective ?* Bien plus : *Dieu veut être cette fin dernière de l'homme. La vie présente est un état d'épreuve et de préparation où l'homme doit mériter par la pratique de la vertu et de la sainteté, la possession de sa destinée suprême.* La seule sanction parfaite de sa conduite est de l'autre côté du tombeau. La récompense des justes doit être éternelle; donc le châtiment du crime sera éternel. Tous les peuples, les philosophes l'ont cru ; enfin, *les poètes Or-*

phée, Hésiode, Homère, Virgile... etc... décrivent dans leurs vers les tourments éternels du Tartare.

Là Thésée est assis sur un siège éternel.
Là Sisyphe subit un supplice immortel.

Le Père Jaffre, tout philosophe qu'il est, ne dédaigne pas de sacrifier aux Muses. De lui aussi cette traduction de Martial :

Aisément quand on souffre on appelle la mort.
Le vrai brave est celui qui sait porter son sort.

Et celle-ci d'Ovide :

Je le dis malgré moi, sur des vers langoureux
Gardez-vous de porter, même un instant, vos yeux.

Le Père Jaffre n'accueille pas que ses seules productions poétiques ; il ouvre largement la porte des citations au poète favori, à Delille. Sur huit citations, six sont de ce maître.

Après s'être demandé s'il existe un péché philosophique — ce qui est une bien jolie question, — l'auteur se pose le problème de savoir si le seul caprice de Dieu a déterminé où est le bien, où le mal. *Distinguo*, répond-il :

Pour les actes indifférents en eux-mêmes, leur moralité peut dépendre de la volonté libre de Dieu, qui, en vertu de son autorité souveraine, les rend obligatoires ou les interdit. Quant aux vérités qui servent de principe à l'ordre moral, elles ne dépendent pas de la volonté de Dieu.

En matière de devoirs, nous distinguons ceux de l'homme baptisé et ceux de l'homme non baptisé : et pour clore la théorie des devoirs envers Dieu, nous assistons à une réfutation vigoureuse de la prose subversive de M. Jules Simon, lequel n'admet pas la prière intéressée :

Sans relever tout ce que ces lignes renferment de prétentieux et d'inexact, nous dirons : La théorie de M. Jules Simon est en opposition avec le genre humain et l'Eglise ; (a) avec la conduite de tous les peuples qui ont toujours demandé à la divinité des biens temporels ; (b) avec la pratique constante de l'Eglise qui a des prières publiques pour les fruits de la terre, contre les fléaux et les pestes, et un sacrement institué pour le soulagement tant corporel que spirituel des malades (pas le Mariage, l'Extrême Onction) ; (c) *avec tout l'enseignement catholique, en commençant par celui de Jésus-Christ, qui nous avertit de demander chaque jour notre pain quotidien.*

Pouvait-on finir sur un raisonnement plus typique ?

L'ouvrage du R. P. Jaffre est long et de lecture difficile. Sa forme fragmentée, suivant la formule des livres de l'Ordre, est pour beaucoup dans ce défaut. Je crains que l'auteur ne se soit donné bien du mal en pure perte. Sur le peu de chances que l'on a de prouver la vérité de la religion par la force du raisonnement, je ne veux pas le renvoyer au sentiment de Lacordaire ; un dominicain, ce serait cruel ; je me borne à lui citer la réflexion suivante, signée du R. P. Mestre, un de ses confrères :

« *Pascal, pour avoir entrepris de prouver la religion comme une vérité de raisonnement, vécut au milieu des angoisses. Ce fut son martyre et il en mourut.* »

Souhaitons au R. P. Jaffre un moins triste sort.

NOTE D'ENSEMBLE

Les républicains pourront reprocher à cet enseignement d'être inspiré par un esprit ouvertement hostile à nos institutions démocratiques. — C'est leur droit, comme c'est aussi le droit des jésuites de rester monarchistes, en dépit de tout, si telle est leur conviction.

Les incroyants lui pourront reprocher d'être une perpétuelle leçon de catéchisme ; — ce qui manquera de logique, car on est jésuite ou on ne l'est pas.

Pour moi, je me contenterai de lui reprocher d'être terriblement ennuyeux. Or, le poète l'a dit :

> Tous les genres sont bons, hors le genre ennuyeux.

LA DISCIPLINE

Dans les collèges de la Compagnie la discipline, fort sévère en elle-même, sait rester assez douce dans ses moyens d'application.

Les Pères exigent de leurs élèves une soumission absolue à tous les ordres d'un règlement très minutieux ; et ils prétendent à être obéis non pas avec une résignation grincheuse, mais avec le zèle joyeux de la bonne volonté. Pour obtenir ce résultat ils usent du renvoi contre tout élève qui leur paraît animé de « mauvais esprit » ; et ils empêchent l'entente commune des élèves contre le maître, source de toute indiscipline, en tâchant à borner les rapports entre camarades à quelques mots sur des matières d'innocuité banale. Le collège rêvé par les Pères est celui-ci : Une foule de jeunes gens n'écoutant que leurs maîtres, ne parlant qu'à leurs maîtres, ne pensant que par eux, n'ayant entre condisciples aucun autre rapport que le coudoiement matériel nécessité par la vie en commun.

Les jésuites comptent en outre beaucoup — pour leurs externats du moins, — sur l'influence concordante de la famille, toujours présumée bien pensante. Chaque semaine un carnet de notes est remis à l'élève. Il le doit présenter aux siens et le rapporter signé d'eux. En regard des six notes règlementaires — en tête la note de piété, — une page blanche est laissée sous la rubrique : Observations. C'est la feuille de correspondance des maîtres et de la famille. Quand les notes sont mauvaises, surtout lorsqu'elles s'aggravent d'observations défavorables, l'enfant est sûr de trouver mauvais accueil et gronderies chez lui comme au collège.

Pour châtier les infractions à la règle et en empêcher le retour, les jésuites n'usent pas beaucoup de châtiments matériels.

De certains abbés séculiers, mes anciens maîtres, j'ai conservé le souvenir de terribles pères fouettards ; d'un surtout, mon professeur de 8e, un petit, gros, sanguin, d'une violence excessive. La façon dont il cueillait sur son banc l'élève indocile, et l'envoyait promener à l'autre bout de la classe gratifié d'un coup de pied quelque part, eût fait l'admiration d'un amateur de chausson. Au fond, un excellent homme, professeur très dévoué ; un peu trop de sang, voilà tout.

Les jésuites, eux, ne battent pas. Je n'ai jamais vu un jésuite frapper un élève. En punition ils distribuent des lignes, condamnent le coupable à se tenir dans un coin de la classe soit debout, soit à genoux — surtout à genoux ; ils adorent cette position là. Entre les prières et les punitions, nous étions si souvent sur les genoux qu'il nous venait à l'endroit meurtri de légères callosités.

De préférence à ces châtiments matériels les Pères usent de punitions morales. Leur plus vif désir est de voir le coupable s'amender de lui-même. A cette fin, ils le frappent dans son amour-propre par des réprimandes publiques, espérant à force d'humiliations l'amener à rougir de sa sottise, et s'en corriger.

L'amour-propre est le grand ressort que les jésuites font à tout propos jouer en leurs élèves. A l'amour-propre ils demandent non seulement de stimuler les enfants au travail, mais encore de les tenir docilement soumis. Bien plus c'est à l'amour-propre qu'ils s'adressent pour en faire des pratiquants dévots édifiant leurs camarades par l'exemple de leur piété.

Pour atteindre ces buts divers, en plus des récompenses ordinaires, bonnes notes, places de compositions, témoignages de satisfaction, les Pères ont recours à la flatterie de sélections honorifiques groupant un certain nombre d'élus classés de ce fait comme appartenant à l'élite du collège. L'amour-propre de l'enfant se complaît à être ainsi tiré à part de la foule. Pour mériter pareil honneur, il s'applique à donner l'effort soit de sagesse soit de travail qu'on lui demande ; et le but atteint, l'amour-propre lui fait, pour ne pas déchoir, maintenir cet effort. De ces sélections celle destinée à pousser les élèves à la piété s'appelle : la Congrégation ; celle destinée à stimuler leur ardeur au travail se nomme Académie. Cette dernière est fortement aidée dans sa tâche par un système de classement hebdomadaire appelé : Concertation.

I

CONCERTATIO

Chaque classe est divisée par une allée médiane en deux groupes de bancs, représentant les deux camps ennemis des Gaulois et des Romains. Des tableaux allégoriques appendus au mur au-dessus de chaque groupe disent les ancêtres dont il se réclame. Les élèves répartis de la sorte en deux fractions égales se livrent à coups de bonnes notes un combat sans merci.

Dans chacun des camps les premiers sujets remplissent des fonctions honorifiques aux titres pompeux. Seul à un bureau spécial surélevé trône l'Imperator. Au-dessous de lui, sur les bancs du commun, les autres dignitaires : le tribun, le censeur; celui-ci ayant — idée discutable — la mission de marquer des mauvais points à ceux du camp adverse qu'il voit causer.

Le samedi, a lieu dans chacun des camps une lutte pour l'obtention de ces grades : *Concertatio*, disent les Pères. Les armes sont les leçons de la semaine. Tout élève peut défier le dignitaire qui lui est immédiatement supérieur, et celui-ci vaincu, provoquer le suivant. Les 2 rivaux se lèvent; l'agresseur interroge le dignitaire en place sur une leçon qu'il choisit, relevant toute faute remarquée. A son tour il est soumis à la même épreuve, durant un nombre égal de minutes, sur une autre leçon choisie au gré de l'adversaire. Celui des 2 rivaux qui commet le moins de fautes est déclaré vainqueur. Souvent des disputes comiques éclatent; l'interrogé, dans le cas du héros de Racine, sachant surtout son commencement, traîne sur les syllabes pour le faire durer le plus possible. L'adversaire furieux proteste, souffle la phrase qui suit. La question se pose alors de savoir s'il y a faute de récitation, ou si le souffleur s'est par trop pressé. De ce temps le reste de la classe s'amuse ferme.

La concertation finie, dans chacun des camps on somme les bons points obtenus durant la semaine. Une bannière rappelant celle des orphéons est arborée au-dessus du bureau de l'Imperator vainqueur ; elle y reste jusqu'à la défaite.

Le procédé est enfantin, mais amusant. J'avoue

toutefois qu'au bout de 3 ou 4 ans de cet exercice nul de nous ne prêtait plus attention aux concertations hebdomadaires, et que le désir s'éteignait en nos cœurs d'être l'Imperator triomphant sous la bannière des victoires.

II

L'ACADÉMIE

Un jour par semaine, sous la haute présidence du Père professeur, l'élite de la classe se réunit dans la salle des séances académiques.

A Saint-Ignace cette salle était une cellule aux cloisons nues, sans autres meubles que des chaises de paille et un bureau en bois blanc. Le programme de la séance restait immuable. Un des académiciens avait été chargé de traduire « en bon français » un passage des *Géorgiques* ou de l'*Enéïde;* ses camarades ouvraient le feu en expliquant mot à mot l'endroit choisi. Ceci fait, l'élu lisait sa version, et le Père parachevait la fête en donnant lecture des vers où l'abbé Delille avait traduit le même passage. On savourait un moment cet exquis régal; puis la séance était levée. C'était peu; mais lorsqu'on rentrait en étude au milieu du travail et du silence des autres élèves, il y avait une satisfaction d'amour-propre à lire dans leurs yeux : « Tiens, les académiciens qui rentrent. » La chose ne valait pas lourd, mais le nom en était flatteur.

III

LA CONGRÉGATION

On compte autant de congrégations que de divisions : celle des grands; celle des moyens; celle des petits. Des titres dévotieux les décorent : Congrégation des saints Anges, de saint Stanislas Kotska — le parfait modèle du congréganiste, ajoute le Père directeur, — de saint Joseph, etc... Tous les huit jours, après la récréation de quatre heures et demie, tandis que les autres élèves, les anabaptistes, adressent à Dieu du fond de leur étude les litanies quotidiennes, les congréganistes gagnent la chapelle où les attend un service spécial. Ce n'est pas à la chapelle de tout le monde qu'ils se rendent. Leur dévotion a son petit « at home » meublé d'ailleurs à leurs frais. — Je vois encore la chapelle de la congrégation des grands à Saint-Ignace. C'était une salle nullement destinée à cet usage, que sa longueur plus grande que celle des chambres ordinaires faisait paraître très basse de plafond. Des

8.

vitraux substitués aux carreaux banals l'assombrissaient, la noyant d'une demi-teinte recueillie. Un petit autel en bois et carton, exhaussé sur une estrade de deux marches, s'y décorait du luxe habituel des vases en porcelaine entourant de leurs fleurs en papier multicolore les statuettes violemment enluminées. Au fond, faisant face à l'autel, une chromo-lithographie représentant le Christ. Quel Christ! Un Christ déliquescent, nauséeux dans sa robe rose et bleue aux teintes mourantes; des mains effilées où les blessures joliment proprettes avaient l'air de petites bouches arrondissant un baiser; une tête insexuelle, d'un ovale trop allongé, les yeux alourdis de langueur amoureuse, les lèvres plissées d'un sourire aveuli, et sur les joues baignées d'un sang rosé, une barbe frisottante d'un blond fade, savamment tortillée en fins tire-bouchons.

Des rangées de chaises, précédées de trois prie-Dieu en sautoir destinés aux dignitaires, le préfet et ses assesseurs, complétaient le mobilier.

Comme celles des académiciens, les réjouissances des congréganistes sont des plus modestes:

Litanies et autres prières, sermon, salut et quête sur le seuil.

A Saint-Ignace, pour sommaire qu'il fût, ce programme n'en donnait pas moins des résultats merveilleux. Si fervente était la piété dont s'enflammait l'âme de la plupart des congréganistes qu'elle transpirait dans leurs attitudes. — Parfois la fête du dedans illumine la façade. — Les têtes s'infléchissaient sur les épaules, les yeux tournés vers le ciel s'alanguissaient de désirs célestes. Tels, certains ne sauraient entendre de la musique sans battre du pied la mesure et dodeliner de la tête.

En dépit de la maxime : « Bienheureux les pauvres d'esprits », les jésuites tiennent fort à voir leurs congréganistes recrutés parmi les plus intelligents de leurs élèves. Le bon exemple venu de haut n'en porte que plus de fruits. Alors même qu'il ne se distingue en rien par sa dévotion, l'élève bien classé se voit circonvenir de prévenances flatteuses. Par la bouche de son Père directeur, la congrégation, en académie qui ferait elle-même ses visites, sollicite sa candidature. « Eh quoi, mon enfant? vous n'êtes pas encore de la congrégation ! Un garçon comme vous, sage, intelligent, travailleur, plein de bons sentiments ! Vous méritez d'entrer dans ce corps d'élite... J'en fais mon affaire... Ne dites pas non! » L'élève n'ose pas refuser, et huit jours après il voit le Père directeur venir à lui rayonnant : « C'est chose faite. Les congréganistes vous ont admis à une majorité des plus flatteuses. Bientôt, j'en suis sûr, vous ferez partie du conseil. »

Or, quand ce dernier honneur échoit au nouvel élu, voici à quelle scène curieuse il assiste de temps à autre :

LE CONSEIL DE CONGRÉGATION

Les quelques fleurs de congrégation composant le Conseil sont réunies dans la cellule du Père directeur. Après une courte prière, le Révérend Père prend la parole :

LE RÉVÉREND PÈRE. — Mes chers enfants, tout chrétien doit être un apôtre ; nous ne devons pas nous contenter d'aimer Dieu et de l'honorer, nous devons encore chercher à le faire aimer et honorer par nos frères. Votre dignité de congréganistes (*quelques congréganistes se rengorgent*) vous crée à ce point de vue des devoirs particuliers. Il ne suffit pas d'être membre de la congrégation, il faut encore s'en montrer l'apôtre en lui recrutant le plus possible d'adhérents. Cherchez donc parmi vos camarades ceux qui, d'après leur conduite au collège et à l'extérieur, d'après leurs conversations intimes avec vous, peuvent vous sembler dignes d'être des nôtres, et proposez-les au choix du Conseil.

(*Une hésitation se produit dans le groupe des*

conseillers. Ils se regardent, regardent le plafond avec l'air de chercher qui pourrait bien mériter de s'agenouiller à côté d'eux.)

Le Révérend Père *reprend.* — Voyons... vous hésitez... Il doit cependant s'en trouver plus d'un... Je m'en vais aider votre choix en vous proposant quelques noms... Souvenez-vous que rien de ce qui va se dire ici ne transpirera au dehors; et par conséquent, s'il vous vient à l'esprit une remarque défavorable, dans l'intérêt de la congrégation n'hésitez pas à la faire ; il n'en résultera pour l'élève visé aucun préjudice... Allons, je commence : Pensez-vous que Un tel (*un de ceux qui sentent légèrement le roussi*) puisse être appelé à faire partie de la Congrégation ?

(*Deuxième mouvement d'hésitation parmi les conseillers. — Le silence se prolonge ; toux discrètes ; mines embarrassées. Déjà quelques-uns, le Préfet surtout, un chérubin à mine fûtée, risquent des moues significatives.*)

Le Révérend Père. — Voyons... expliquez-vous plus clairement. (*S'adressant au Préfet*).

Vous, notre Préfet, vous nous devez votre avis. Je vous le répète, nous sommes ici entre nous.... Vous ne pensez pas qu'Un tel soit digne?...

Le Préfet. — (*Souriant et semblant faire effort sur lui-même.*) Mon Dieu, non; je ne le pense pas. (*Cette déclaration préfectorale donne du courage aux autres congréganistes; les physionomies se détendent; des sourires s'épanouissent sur toutes les lèvres; les têtes disent dans un balancement que le Conseil pense comme son plus haut dignitaire.*)

Le Révérend Père. — Je vois... Vous n'êtes pas d'avis... Mais ne vous trompez-vous pas? On est quelquefois induit en erreur par des apparences, qui ne sont que... des apparences... Êtes-vous sûrs?... Avez-vous des faits précis motivant votre jugement? (*Silence.*) Allons, parlez... Dites ce que vous savez; nous apprécierons.

Le Préfet. — Mon Dieu... c'est assez délicat!... (*Il toussote.*)

Le Révérend Père. — Mais nullement; je vous répète que rien ne transpirera au dehors...

que l'intérêt de la congrégation l'exige. (*Le petit Préfet a toujours l'air d'hésiter, mais à ses yeux affriolés on devine qu'il ne demande qu'à manger le morceau pour le compte de Un tel.*) Vous hésitez encore! Eh bien, moi, votre directeur, je vous l'ordonne : Parlez !

LE PRÉFET. — Euh !... euh !... J'avoue qu'il a tenu devant moi des conversations sur la...

LE RÉVÉREND PÈRE. (*Soufflant*). — Sur la religion.

LE PRÉFET. — Non... (*Se reprenant.*) Oui, aussi sur la religion.

LE RÉVÉREND PÈRE. — J'entends. Elles n'étaient pas exemptes de reproches au point de vue de la pureté ?

LE PRÉFET. — Précisément.

LE RÉVÉREND PÈRE. — Et cela de façon grave? (*Le Préfet répond par un petit signe de tête scandalisé. Le Conseil stimulé se déboutonne ; les moins loquaces découvrent qu'ils ont quantité de faits à citer, de paroles à rapporter : Un Tel a dit ceci ; Un Tel a fait cela. Le pauvre Un Tel sort de cet examen chargé de crimes. — Mentalement le Père Directeur prend des notes.)*

. . . .

Lorsque le nouveau-venu répugne à cet office spécial, en sortant de la réunion il démissionne. Mais ceux-là sont rares qui agissent ainsi. Rien n'est plus facile que d'entraîner l'enfance aux petites lâchetés de la délation. Presque tous les conseillers se prêtent volontiers à semblable rôle, se figurent même faire œuvre pie en dénonçant de la sorte leurs camarades.

Malheureusement, de temps à autre, un des racontars rapportés au Conseil transpire au dehors; d'où des méfiances et des rancunes entre les élèves. Les Pères n'y voient aucun mal. « Diviser pour régner » est leur maxime en matière de surveillance.

LES ÉLÈVES

Parlant des bons et des mauvais arbres et du critérium qui les peut faire distinguer, le texte sacré nous dit : « Vous les reconnaîtrez à leurs fruits ». Pour juger le maître, il n'est pas inutile d'étudier l'élève, son fruit spirituel.

L'école Saint-Ignace méritait, à ce point de vue, le titre d'école modèle. Comme en une serre chaude, les fruits de l'éducation des Pères y pouvaient être admirés dans toute la splendeur de leur développement. Sur ces natures méridionales dont la versatilité, la joyeuse insouciance semblaient devoir glisser entre les doigts qui les voulaient saisir, l'éducation des jésuites avait fait prise de façon surprenante. Pour la discipline, un geste, un froncement de sourcils d'un surveillant suffisaient à faire trembler une division. Quant aux idées, ce n'étaient plus des cerveaux qu'abritaient les crânes des élèves, mais bien des miroirs ;

je dirai même des miroirs légèrement sphériques grâce à l'inévitable exagération méridionale.

Les différentes individualités de ces élèves modèles pouvaient se ramener à trois types : L'ordinaire élève, celui dont les Pères disaient en lui tapotant la joue : « C'est un bon enfant » ; l'Éliacin et la brebis galeuse.

I

LE BON ENFANT

Le bon enfant méritait ce nom par sa docilité et sa crédulité tout enfantines. N'ayant entendu qu'une cloche, il ne doutait pas que le son n'en fût très pur. C'était avec les candeurs et les exagérations du jeune âge le calque de ses maîtres. Bons enfants, nous l'étions tous à cinq centièmes près du total des élèves. Les brebis galeuses et les Éliacins tenaient le rôle de ces cinq derniers centièmes.

Avant tout nous étions royalistes convaincus, et non pas royalistes à l'eau de rose, orléanistes, mais légitimistes, légitimistes fervents. Nous pleurions le drapeau blanc lequel était à nos yeux bien plus que le drapeau tricolore l'emblème de notre patrie. Nous ne doutions pas que la France ne fût la fille aînée de l'Église, et que Dieu n'eût entre tous pays une prédilection marquée pour le nôtre à cause de l'orthodoxie de ses croyances. Notre opinion sur l'état présent de ladite fille aînée n'en était pas du reste plus flatteuse. Quand nos maîtres nous peignaient des plus noires couleurs le profond abaissement où la France avait roulé, et de jour en jour s'enfonçait davantage, nous soupirions navrés.

Un des cantiques chantés à la chapelle symbolisait à merveille l'idée que nous nous faisions de notre pauvre pays :

Dieu de bonté, c'est pour notre patrie
Que nous prions aux pieds de cet autel ;
Les bras liés et la face meurtrie,
Elle a levé ses regards vers le ciel.

Refrain.

Dieu de clémence, Dieu protecteur,
Sauvez, sauvez la France, au nom du Sacré-Cœur ! (*bis.*)

Une femme, les bras liés et la face meurtrie, c'est bien ainsi que nous imaginions la France, malheureux pays que seul le retour à Dieu et à son roi pourrait sauver. Nos yeux se tournaient du côté de Frosdhorf. — Quand donc Henri V se déciderait-il? — On nous répondait qu'il ne voulait pas venir sans son drapeau blanc; or on refusait le drapeau. Nous comprenions le scrupule de l'héritier royal et l'en approuvions. A sa place nous en eussions tous fait autant. En attendant nous espérions. « Dieu a ses desseins, disaient nos maîtres ; la France avait besoin d'une leçon ; Dieu la lui donne. Elle en saura profiter. » Nous y comptions. Ne construisait-on pas à Montmartre une basilique votive au Sacré-Cœur de Jésus? Cela seul nous eût empêchés de désespérer de notre patrie. Henri V et la basilique nous sauveraient.

Les Bonapartes non plus que les d'Orléans n'étaient pas bien vus. A bien examiner les choses, Napoléon Ier n'était qu'un usurpateur, nullement de droit divin ; et nous en tenions pour le droit divin. Il existait du reste un Bonaparte qu'on nous avait appris à détester et à mépriser, c'était le prince Jérôme. Celui-là, quand nous causions entre nous, nous le traitions volontiers de cochon, parce qu'il mangeait de la cochonnerie, le Vendredi saint.

La République était à nos yeux un régime sans passé autre que les fureurs hideuses de la Révolution et pour le présent et le futur le règne des voyous. Nos gouvernants nous apparaissaient comme un tas de gens pas distingués du tout, ni honnêtes, ni honorables, qui léchaient les pieds du peuple — ce qui nous eût profondément dégoûtés — pour se faire élire; puis, une fois élus, pillaient de droite et de gauche à pleines mains. Notre bonne ville de Bességue jouissait alors d'une municipalité qui, de temps à autre, se voyait en délicatesse avec la Cour d'assises; et nous étions convaincus que du haut en bas de l'échelle gouvernementale tout allait de même. Celui d'entre nous qui se fût avoué républicain eût été mis immédiatement en quarantaine par le dégoût de tous. Dieu merci, nul ne le fit.

En littérature, incapables de juger par nous-mêmes, nous avions les opinions que nous soufflaient nos maîtres. De ce professeur qui n'avait pas lu Victor Hugo, le tenant pour illisible, nous disions avec respect : « Il a le goût sûr. » Qu'était-ce au juste qu'avoir du goût? — Nous n'aurions su que répondre, sinon que nous en avions et que les autres en manquaient.

Nos croyances religieuses étaient, cela va sans

dire, celles de nos maîtres. Même, nous partagions leur haine à l'endroit des fausses religions. Le prêtre d'un autre culte nous causait un petit frisson de terreur et de dégoût. C'était l'apôtre du mensonge; un monsieur faisant le malpropre métier de vivre de la sotte crédulité des hérétiques. Se pouvait-il que l'on crût à la parole de ce suppôt de Satan? Fallait-il que l'esprit d'erreur vous aveuglât!

Quelque peu banales que fussent ces opinions, notre état d'esprit se caractérisait moins par elles que par le mépris profond où nous tenions toutes les opinions adverses, mépris dans lequel nous englobions généreusement leurs partisans. C'est là un état d'âme très curieux spécial à ceux de tout âge qui se dénomment les « bien pensants ». Un incrédule pourra bien rire de la sottise d'un croyant, le tenir pour un imbécile, le craindre même comme un fou que le fanatisme peut rendre dangereux, mais jamais il n'aura pour son adversaire le mépris souverainement dégoûté qu'il inspire à celui-ci.

Le « bien pensant » se tient pour quelqu'un de très pur, de très au-dessus de la turpitude ambiante; il est quelque chose de très blanc comme son drapeau, de très distingué comme l'aristocratie dont il épouse la cause, même sans en faire partie. Le reste n'est que plèbe et crapule pataugeant dans la boue, sans être défendu contre les vices, les lâchetés, les crimes par la triple armure des principes. Le vrai « bien pensant » ne croit pas qu'il puisse exister un honnête homme dans le camp qui n'est pas le sien.

Un de mes amis, élève des jésuites, nourrisson d'une famille provinciale et noble et bien pensante, entre dans un café parisien et demande un journal. Le garçon lui apporte le *Figaro*. Mon ami le refuse. Le *Temps*, les *Débats* et autres lui sont successivement présentés. Nouveaux refus. Enfin, lassé d'attendre la feuille qu'il désire sans la nommer, mon ami s'écrie : « Ah çà! garçon, vous n'avez donc pas un journal propre? »

« Propre » voilà bien le vrai mot, le mot synthétique. Le « bien pensant » divise les idées, les gens, comme les choses, en deux catégories : les propres et les sales. Il y a là pour lui plus qu'un sentiment, presque une sensation.

II

L'ÉLIACIN

« J'ai nom Éliacin. »

Il semble qu'il fût difficile d'être « mieux pensant » que le bon enfant ci-dessus pourtraicturé; l'Éliacin s'arrangeait pour l'être, et pour le paraître, — tout au moins pour le paraître. On reconnaissait l'Éliacin à certains indices extérieurs. Dans le cours ordinaire de la vie la modestie de son maintien le distinguait du commun. Il marchait volontiers les yeux baissés pour peu qu'un jésuite le regardât ou que les yeux de ses camarades fussent braqués sur lui. Mais c'était à la chapelle que l'Éliacin prenait son vol bien au-dessus du niveau moyen des simples âmes croyantes. Là, tout dans son attitude disait le pauvre corps qui plie sous l'effort de l'âme essayant son élan vers le Paradis. Le buste se voûtait; la tête incapable de soutenir le poids des pensées pieuses s'infléchissait sur l'épaule; les yeux glissaient en coulisse vers le ciel, devenaient presque blancs. On lui cherchait des ailes dans le dos et s'étonnait de ne pas en voir.

Il était de règle chez les jésuites que tout élève se confessât et communiât au moins une fois le mois. L'élève n'était pas consulté là-dessus. Tous les mois il recevait son billet de confession ; et il fallait marcher. Les bons Pères ont dû de la sorte se mettre sur la conscience plus d'une communion douteuse. L'Éliacin ne se contentait pas d'approcher des sacrements de façon aussi rare. Tous les dimanches on le voyait, à l'instant où la sonnette fait tinter l'appel d'usage, traversant les rangs de ses camarades édifiés, s'acheminer vers la Sainte Table, les bras croisés, la tête penchée sur l'épaule, les yeux au ciel noyés de désirs. Il en revenait écrasé d'extase, se prostrait à son banc, le visage dans les mains. Quand ses doigts s'écartaient — par hasard — on pouvait constater que ses yeux restaient toujours aussi blancs, fichés au ciel.

Il y avait deux sortes d'Éliacin, le convaincu et le roublard.

Le convaincu était en général un garçon d'intelligence médiocre à qui la *Vie du bienheureux*

Berckmans et les compliments des Pères sur sa propre piété avaient monté ce même cou qu'il infléchissait pieusement. Quant au roublard, c'était un garçon intelligent et calculateur qui, n'ayant de par sa position sociale aucune certitude de faire plus tard brillante figure dans le monde, s'était dit : « Les jésuites ont de l'influence. Tâchons d'être leur favori. » Il pratiquait avec plus d'assiduité et de ferveur que l'Éliacin convaincu.

L'Éliacin avait conscience de l'auréole que lui mettait au front son édifiante conduite. Il frayait peu avec les camarades ordinaires, et comme une hermine jalouse de sa blancheur, évitait les coudoiements suspects. Les Éliacins vivaient entre eux ; toutefois ils ne s'aimaient guère, si ce n'est pour des motifs étrangers à la mysticité.

L'Éliacin était peu aimé des autres élèves ; grand dignitaire de la congrégation, il se voyait accuser de fournir trop de renseignements sur ses camarades au conseil de cette pieuse assemblée. L'Éliacin était bavard pour le plus grand bien de l'âme des autres.

Pour peu qu'il fut intelligent, l'Éliacin passait sans coup férir à l'état de « premier de droit divin ».

L'école Saint-Ignace offrait cette particularité piquante : dans chaque classe on voyait un certain élève, grand favori désigné, obtenir le premier rang à toute composition, quelle qu'en fût la matière. Il n'était pas besoin que le professeur nous lût le résultat du concours pour que nous apprissions quel en était le lauréat ; d'avance nous savions que dans telle classe c'était X..., Y... dans telle autre, tous purs Éliacins. On eût institué des compositions de saxophone, qu'ils eussent conservé leur indiscutable suprématie. Les reléguer à un autre rang eût paru un crime de lèse-majesté ; ils étaient les premiers de droit divin, destinés à prouver à tous par leur exemple que ce ne sont pas les simples d'esprit qui sont les pieux de ce monde, et à démontrer aux brebis galeuses intelligentes, écrasées de leurs constants succès, que les facultés les plus brillantes et le travail ne peuvent rien sans le secours d'en haut. Parfois dans une même classe, il existait non seulement un premier de droit divin, mais encore un second de même origine également consacré. « Premier, Taupin ; second, Chopart » était l'inévitable refrain. Ce qu'il y avait de plus remarquable c'est que Chopard se tenait toujours à sa place et ne grimpait jamais sur le dos de Taupin. — On a des principes, ou on n'en a pas.

Par malheur pour le prestige de ces élèves modèles, dans une classe où la clairvoyance du novice professeur avait su découvrir un premier et un second de droit divin, par suite de maladie vint à tomber le premier de droit divin de la classe immédiatement supérieure. Or de ces brillants élèves il en est comme des étoiles, les uns sont de première, les autres de deuxième grandeur. Le nouvel arrivant était de première. De suite il supplanta les deux autres ; et le professeur ayant été changé, la destitution de ces pauvres garçons fut totale. Ils ne devinrent pas — ce que la logique exigeait — deuxième et troisième de droit divin ; ils disparurent noyés dans la foule des médiocres.

Leur vainqueur ne jouit pas longtemps de son triomphe.

L'article 7 ayant peu après contraint l'école Saint-Ignace à remplacer ses professeurs jésuites par des laïques et des abbés séculiers, les premiers de droit divin de toute grandeur trouvèrent leur roche Tarpéienne. Des brebis galeuses émergèrent de l'ombre où elles végétaient insoupçonnées et prirent la tête. Ce fut une révolution que légitimèrent les examens du baccalauréat. Pauvres premiers de droit divin ! Heureusement les distributions de prix gardaient à leur zèle pieux de salutaires, d'encourageantes revanches. Les concours de fin d'année n'étaient pas en effet corrigés par le professeur de la classe, mais par un jury de jésuites. Ce jury devait ignorer lors du classement des copies quels en étaient les auteurs. On suivait pour cela le système des enveloppes à devise contenant le nom de l'élève. Donc, en théorie, jugement impartial, mais en pratique !... Les brebis galeuses vidaient l'amer calice de la déception. L'Esprit saint se retirait d'elles en cette occurrence pour se reporter tout entier sur la tête des Éliacins. D'où, sur ces fronts prédestinés avalanche de lauriers scolaires. C'était d'un haut enseignement. Un mien ami, éclairé par plusieurs expériences sur la sincérité de ces classements, inscrivit en exergue de l'une de ses compositions la devise suivante :

« Nourri dans le sérail j'en connais les détours. »

Il n'eut pas le prix.

III

LA BREBIS GALEUSE

Galeuse, elle l'était si peu la pauvre brebis ; un enfant un peu moins docile que les autres, n'éprouvant pas pour les sacrements l'entraînement irrésistible qui sollicitait les Éliacins, manifestant de vagues velléités de critique irrespectueuse. Le mal était léger. Aussi les jésuites appréhendaient-ils en cette brebis galeuse, non point tant son vice actuel, que les révoltes qu'il promettait pour l'avenir. Employant à son égard une méthode d'intimidation préventive, pour un rien ils s'emportaient en gronderies interminables, en menaces de punitions célestes à faire dresser les cheveux. — « Où allait-il, ce malheureux enfant qui causait à la chapelle ? Vers quel abîme de perdition ! » — Le dimanche, à la lecture des notes, la brebis galeuse entendant l'appel de son nom se levait, la tête basse, au milieu d'un silence sensationnel. D'une voix grave, avec des pauses calculées, le Père Préfet fronçant les sourcils lisait son bulletin : Piété *ei* ; conduite *ei*... Autant de rubriques, autant de notes pitoyables. Une mauvaise place en composition nouait en général le bouquet. Après un court repos gros de tempêtes, le speech éclatait, tombait sur le coupable : Il était la brebis galeuse, la pomme pourrie de la parabole évangélique... « Et vous savez ce que Jésus-Christ a dit de ces pommes pourries : « Jetez-les loin de vous de peur qu'elles ne gâtent les autres. » Prenez garde !... La patience de vos maîtres est à bout. Vos camarades ont assez d'un condisciple dont la conduite déshonore la division !... Si vous ne changez, nous vous prierons de débarrasser le collège de votre scandaleuse présence ! ». Les bons enfants écoutaient, un petit frisson dans le dos, à l'idée de la réception que leur eût valu chez eux l'apport d'un bulletin pareil. Quant aux Éliacins ils reniflaient l'air d'une grimace dégoûtée. « Otons-nous, car il sent, » disait leur mimique. Le speech terminé, le Père Préfet adressait à la victime un « Asseyez-vous » brutal. La brebis galeuse s'asseyait perplexe, se demandant si réellement elle était aussi malade que le disait le bon Père ; et huit jours après, la petite fête recommençait.

D'ordinaire la brebis galeuse ne traînait pas longtemps chez les jésuites ses laines contaminées. Au bout de quelques mois on lui appliquait à la lettre la parabole des pommes pourries en la rendant à sa famille. Mais parfois des considérations accessoires invitaient à passer sur son vice infectieux, et on la gardait. Telle, par exemple, la brebis galeuse membre d'un nombreux troupeau fraternel dont quelques autres échantillons figuraient parmi les élèves du collège. Telle encore celle appartenant à une famille bien pensante et haut placée que le renvoi de sa progéniture eût pu blesser et dégoûter des saines opinions. Telle surtout la brebis galeuse dont on espérait des succès d'examen.

Dès que les jésuites constataient chez un élève une intelligence au-dessus du médiocre, il n'était pas d'aimables invites qu'ils ne fissent à son heureux propriétaire pour qu'il s'enrôlât dans la cohorte des Éliacins ou tout au moins des très bons enfants. On le prenait par les compliments, les cajoleries allèchantes. Presque toujours l'élève se laissait faire; l'enfance est aisément gagnée à ceux qui paraissent lui porter un intérêt affectueux. Mais parfois — très rarement

— il se rencontrait des natures irréductibles, chez qui la poussée des instincts d'indépendance était à ce point vigoureuse que tous les enjôlements possibles ne la pouvaient entraver. La douceur n'ayant pas abouti, les Pères essayaient des réprimandes, des humiliations. Rien n'y faisait. Ladite brebis s'entêtait à rester galeuse, même à le devenir de plus en plus. Il fallait en prendre son parti. Seulement, par un savon hebdomadaire on tâchait à la tenir dans un état de propreté relative, et pour lui bien prouver que les plus fortes têtes ne sauraient se passer du secours d'en haut, on veillait à ce qu'elle n'obtînt pas dans la classe un rang par trop bon. — Dieu peut-il bénir le travail d'un qui ne le sert pas fidèlement? — Pourtant aux examens du baccalauréat, par une clémence spéciale, Dieu faisait à cette brebis galeuse la grâce de l'éclairer autant et plus que les Éliacins. — La Providence a de ces miséricordes.

QUELQUES RÉFLEXIONS

D'UNE BREBIS GALEUSE

Lorsque vous avez fini de raconter une histoire à un enfant, souvent il vous demande, les yeux dans vos yeux : « C'est vrai, dis, ou c'est un conte ? » L'enfant, en effet, ne croit pas au récit — il se sent incapable d'en contrôler la vérité — il croit au narrateur. D'un qui a sa sympathie confiante il accepte l'absurde. Beaucoup en abusent. Malheureusement pour les narrateurs fantaisistes, si chez l'enfant le sens critique sommeille encore, par contre la mémoire est très éveillée ; les histoires par trop étonnantes s'y gravent assez profondément pour qu'il puisse les y retrouver quand l'âge de raison sonne pour lui. Celui dont on s'est moqué découvre alors la fraude et souvent en garde une méfiance rancunière.

J'ai connu un Père jésuite qui, plus que les

autres, pourrait faire son *mea culpa* de ces maladroits abus de crédulité.

Il s'appelait le Père Moissec. Au moral comme au physique, c'était une grosse commère assez forte en gueule, corps pataud, esprit lourd, verbe haut sonnant.

Ce n'est pas que le P. Moissec manquât d'esprit; il cultivait avec succès le calembour, et n'omettait jamais de clôturer ses mercuriales par un à-propos plein de sel : « Mettez ceci dans votre poche et votre mouchoir dessus. » Quand il avait dit cela, le R. P. s'esclaffait et les Eliacins gloussaient flatteusement souriants. Le Père Moissec, quoique volontiers débineur et assez grossièrement irrespectueux et calomniateur des gens et des idées que condamnait sa foi, n'était pas incapable d'admiration ; ce qui est le critérium des grandes âmes. Toute manifestation d'absolutisme religieux soulevait son enthousiasme. Il citait avec autant d'orgueil que s'il en eût été l'auteur le mot de ce Pape, lequel ayant sur certain sujet fait voter ses cardinaux et n'en ayant obtenu que des boules rouges condamnant son opinion, étendit sur elles sa barette blanche et dit : « Maintenant elles sont toutes blanches. »

Pie IX avait, à ce titre, mérité l'estime du Père Moissec et l'avait obtenue. Quand pour l'édification du monde chrétien, ce Pontife, partisan de l'expansion dogmatique, créa l'Immaculée-Conception et l'infaillibilité, il fallut concilier ce prurit de production théologique avec le principe de l'immutabilité de la doctrine. Le Père Moissec à qui nous devions déjà l'explication plus haut citée du mystère d'un seul Dieu en trois personnes, ne fut pas embarrassé pour si peu, il dit simplement ceci : « Supposez un voyageur. Il a dans sa poche deux poires pour la soif. A un moment donné il les tire. De ce qu'il les gardait dans sa poche, il ne s'en suit pas qu'il ne les eût point avant de les montrer. » L'enthousiasme du R. P. ne se restreignait pas à ces manifestations de foi théoriques et papales ; tout acte de prosélytisme, fût-il du plus humble fidèle, avait son applaudissement. Je l'entendis conter, non sans une indulgence attendrie, les exploits d'une sauvagesse, catéchumène zélée, laquelle allait de partout volant les enfants et les étranglant pour en faire des anges.

La hauteur des vues pieuses du P. Moissec s'affirmait tout spécialement dans le choix des lectures « spirituelles » dont, chaque jour, une édifiante audition nous était donnée. Je lui dus la douce joie d'écouter « *La vie, l'agonie et la mort* » de ce bienheureux Berkmans, pudique au point de rougir de honte en voyant au lit Mme Berkmans sa mère, et la joie non moins douce de savourer tout au long l'*Histoire du bienheureux curé d'Ars*, ce saint qui résolvait de si heureuse façon par une simple prière le problème de la lutte pour la vie. Manquait-il de provisions de bouche ? Vite il récitait une oraison, qu'il ponctuait d'une promenade ; et quand il rentrait chez lui, il y trouvait, l'attendant, deux sacs de farine. — N'eût-il pas mieux valu, ô Providence, lui envoyer du pain tout cuit? Pauvre et excellent curé d'Ars! le diable, — le Malin, comme il l'appelait, — lui en faisait-il des misères!... N'avait-il pas imaginé de réveiller le saint toutes les nuits en venant tirer le cordon de sa sonnette? Le bon curé se levait, ouvrait sa porte. — Personne. — « C'est le Malin disait-il ; demain, pour l'attraper, je réciterai deux *Pater* de supplément. »

Parfois le Malin dépassait vraiment les bornes des fumisteries permises entre gens qui s'estiment.

Ne poussait-il pas l'incongruité jusqu'à se cacher dans l'oreiller du saint? Quand le curé d'Ars y posait la tête: « Couic! Couic! » faisait le diable, et le saint ne pouvait dormir. Pauvre curé d'Ars!

Durant ces lectures l'attitude du Père Moissec valait qu'on la remarquât. D'un acquiescement de tête dodeliné il ponctuait les passages à sensation avec l'air de dire : « Parfaitement, c'est bien cela; j'y étais. »

Nous l'aurions certainement cru, tant nous étions jeunes; malheureusement il abusa :

Il existe, dans tout collège de jésuites, des individus vêtus de soutane qui ne sont ni des jésuites, n'en ayant pas reçu les ordres, ni des prêtres séculiers, puisqu'ils ne sont rattachés à aucun clergé diocésain. Ces religieux sont au jésuite ce que le candidat perpétuel est à l'académicien. Ils stationnent indéfiniment à la porte de la maison d'Ignace de Loyola, laquelle leur reste obstinément fermée pour raison de santé. Les jésuites ne veulent pas chez eux de non-valeurs et partant refusent sans pitié les impotents. La Providence nous avait gratifiés d'un échantillon de l'espèce en la personne de l'abbé Menier, un grand diable maigre et sec que minaient plusieurs affections, dont une de poitrine. Les jésuites sont, je l'ai dit, presque tous d'une nullité transcendante en mathématiques. A Saint-Ignace pas un n'y voyait goutte en ces matières. L'abbé Menier avait été choisi pour nous enseigner les éléments de l'algèbre. Il devait ce choix honorifique à ce fait qu'il passait pour avoir, étant jeune, préparé l'École polytechnique, à laquelle il avait du reste échoué. C'était ce brillant professeur qui nous dictait mot à mot son cours d'algèbre et nous forçait à l'apprendre de même. Etait-ce le souvenir d'avoir songé un jour à préparer la grande Ecole qui le gonflait du sentiment de son mérite supérieur ? toujours est-il qu'il était étonnamment sec, cassant, prétentieux, insupportable et détesté.

Un beau jour, l'abbé Menier disparut sans que personne le regrettât et quelque temps après on nous apprit qu'il était mort. Or, un soir, à l'heure réglementaire de la lecture spirituelle, le lecteur, entre tous Éliacin, articula de sa voix angélique : « La vie, l'agonie, la mort de l'abbé Menier. » Et nous voici écoutant, sans trop savoir quelle tête faire, un délirant panégyrique de notre défunt professeur. Il y était peint comme un modèle de douceur, de modestie; il avait réalisé la béatitude de ceux qui sont doux de cœur, « bienheureux parce qu'ils possèdent la terre. » Entre mille nous entendîmes cette phrase exquise: « Dieu le voulant pour sien, le fit échouer à l'Ecole polytechnique. » — L'abbé Menier n'en avait pas moins été un grand esprit, un savant de large envergure, prouvant une fois de plus à l'impiété la vérité de la maxime : « Un peu de science éloigne de Dieu, beaucoup y ramène. » — De ce temps, le P. Moissec continuait à faire « oui » de la tête, comme si cette fois encore c'eût été vrai. Pour ma part je trouvai la plaisanterie mauvaise, et depuis lors je ne pus écouter une lecture spirituelle, fût-elle constellée des plus séduisants miracles, sans songer au panégyrique de l'abbé Menier.

. . . .

Imaginations superstitieusement naïves, racontars de vieilles radoteuses rabougries en dévotion ! Que de mal ces billevesées ne font-elles pas à la religion ? Combien je préfère le sage bon sens de tel prélat de ma connaissance : Une vieille dévote le lassait du récit des célestes apparitions qui lui rendaient visite: « Monseigneur, je vous l'affirme, quand je vais à l'Église, je la vois, la Sainte-Vierge. » Doucement le prélat lui répondit : « Bien, bien !... Dorénavant, mettez-vous derrière le pilier pour ne plus la voir. »

En celui qui ayant eu la foi chrétienne vient à la perdre, l'esprit débarrassé des terreurs superstitieuses ressent comme un allègement, un éclaircissement de joie ; mais par contre à certaines heures le cœur souffre de défaillances navrées, de dégoûts profonds, inconnus à ceux qui gardent intactes leurs croyances, comme à ceux qui toujours ignorèrent la foi aux dogmes. Celui qui s'est cru longtemps l'être miraculeusement sauvé par le sang d'un Dieu, l'être promis à l'éternelle durée, la créature de choix sur laquelle le voyeur divin a constamment l'œil fixe, éprouve une rude secousse à s'éveiller d'un tel rêve. L'existence bornée à l'horizon terrestre lui paraît bien vainement éphémère. Quel néant que tout cela ! Pour le croyant la vie n'est qu'un moyen, non pas un but ; pour l'incrédule l'existence est un cercle vicieux lamentable : Vivre pour gagner son pain, gagner son pain pour vivre. Quelle misère! Comme il se sent perdu dans l'immense inanité des choses ; atôme sorti du grand Tout sans raison, presque aussitôt replongé, dissous, perdu dans l'aveugle infini de la matière que noie le vide sans bornes.

Il y a là un malaise d'écœurement ignoré de ceux qui ne remuèrent jamais qu'en dilettantes les problèmes de l'Infini caché, ignoré aussi des hommes à foi robuste. Ceux-ci n'ont pas de ces lassitudes d'âme. Qu'importe la route, si mauvaise qu'elle soit, quand on va vers un but. Mais quand on ne marche vers rien, à quoi bon marcher?

Les prêtres se plaisent à vanter cette ineffable paix du cœur que, disent-ils, les fidèles trouvent toujours à l'ombre des tabernacles et dont seuls ils peuvent jouir. Les prêtres disent faux en ceci. Il est des croyants que terrorise sans nulle cesse la peur de l'autre monde, comme il en est savourant la calme douceur des ravissements mystiques. De même il est parmi les incrédules des âmes tourmentées et des âmes placidement et railleusement souriantes. Ce n'est pas une question de croyance, mais de tempérament. Cette paix souhaitable relève non de la conscience, mais de l'estomac.

Les prêtres le reconnaissent eux-mêmes quand ils nous parlent de ces bienheureux qui moururent dans une épouvantable agonie, terrifiés par l'approche des jugements de Dieu.

Sur quelle révélation se basent les prêtres pour croire qu'il soit plus agréable à Dieu de voir ses ministres se fourrer dans le nez les débris de certains végétaux plutôt que de leur en voir bourrer une pipe et la fumer ? Les deux plaisirs semblent également inoffensifs. L'un est malpropre, voilà tout.

La crédulité met sur les yeux de tout croyant un couple de lunettes grossissantes. Il voit tout en grand ; excepté Dieu toutefois.

De même qu'il s'exagère son rôle à lui dans la métaphysique céleste, de même il s'exagère le rôle de l'impie. Au lieu de voir en lui un ridicule pygmée érigeant ses poings vers l'Infini qui l'ignore, il lui prête une grandeur diabolique, en fait un grandiose révolté contre lequel la divinité s'emporte en colères folles. — Cela de par sa foi en l'âme immortelle. Le croyant nous juge atômes négligeables quant à l'espace, mais infinis quant à la durée.

S'ils n'eussent jamais connu de prêtre, certains incrédules auraient été des croyants.

Il en est de la plupart des esprits qu'ont profondément remués les terreurs religieuses aux jours de leur enfance, comme de ces natures délicates qui gardent, toute leur vie, à la suite d'une épouvante accidentelle, une nervosité peureuse inguérissable.

Les prêtres, alors qu'ils peignent à leurs fidèles pour les en détourner ce qu'ils appellent *le Monde*, le représentent comme une fête perpétuelle où danse échevelée la sarabande des plaisirs. Ne serait-il pas plus adroit, au lieu de ces imaginations puériles, d'exposer la vérité toute nue, de peindre la vie sous ses véritables couleurs, des couleurs uniformément grises, qui pour beaucoup foncent vers le noir? La vie n'est pas la bacchanale de la joie, mais bien l'endormement de l'ennui traversé pour beaucoup du cauchemar des douleurs et des tristesses.

Mon Révérend Père,

L'Église donne pour raison à l'exigence de chasteté édictée pour ses prêtres que l'homme, dualité spirituelle et matérielle, ne saurait sans déchoir accorder quelque jouissance à la partie grossière de cette dualité, à son corps. Les Casuistes sont unanimes là-dessus : Des mains qui viendraient de palper amoureusement des formes féminines seraient de ce fait indignes de toucher au corps du Sauveur présent dans l'hostie. Ne vous semble-t-il pas, mon Père, qu'il existe aux yeux de la foi une raison bien autrement sérieuse de défendre aux prêtres le mariage? Cette raison, c'est la terrible responsabilité encourue par le croyant dont l'acte amoureux crée non seulement un corps, mais une âme. Certes la responsabilité est déjà grave pour l'incrédule de jeter en pâture aux souffrances de la vie un corps qui peinera quelques années durant pour aboutir à la torture finale de l'agonie. Mais qu'est-ce là en comparaison de la responsabilité qu'assume à ses propres yeux le croyant qui crée une âme, c'est-à-dire un être impérissable, lequel, étant données les doctrines de l'Église sur le petit nombre des élus, a la presque certitude après les douleurs de ce monde d'être éternellement torturé dans l'autre?

Éviter cette infinie responsabilité, voilà le motif que devrait donner l'Église à son précepte de chasteté cléricale. Les prêtres ne font pas d'enfants; au point de vue de la foi, il les en faut louer; ils sont en cela logiques et honnêtes. Je ne comprends pas qu'un croyant ose créer, pour une jouissance d'une seconde, une souffrance éternelle. Mais hélas! la foi chez tous ne sert qu'à condamner la conduite des autres et non à régler la sienne. En pratique, le plus parfait égoïsme nous mène tous, croyants et incrédules.

Mon Révérend Père,

Nous sommes en ce monde pour nous mortifier. Nous expions un péché originel — le croc d'une pomme — que nous n'avons pas commis, mais dont la justice divine nous tient rigueur. Que n'admet-elle la prescription !

Donc les croyants se doivent mortifier. Quelques-uns même le font. Mais une chose m'étonne chez eux : Composés d'un corps et d'une âme, ils ne songent qu'à mortifier le premier. Injuste partialité. Pourquoi se permettre les plaisirs de l'esprit alors qu'on s'interdit ceux du corps ? Si j'étais croyant, je serais plus logique, je m'interdirais ceux-ci comme ceux-là. Si par exemple j'étais le Père X..., je cesserais de rimer des tragédies pseudo-classiques sur la mort de Saint-Agapit et autres martyrs. Personne ne songerait à s'en plaindre, et le salut de mon âme gagnerait au sacrifice de ces futilités.

D'autant que les plaisirs de l'esprit ne sont que plaisirs, tandis que certaines satisfactions charnelles auxquelles vous déniez chez vous le droit de vie sont de réels besoins. Or, en matière de besoins, l'abstention est incompréhensible. Nul de vous essaya-t-il jamais de clore les portes à certaines nécessités lamentables ? Pourquoi vous montrer plus sévères à d'autres nécessités également fondamentales, d'autant qu'elles sont moins abjectes et qu'en y mêlant beaucoup d'idéal, on peut les transmuter en jouissances sentimentales. — Ce ne sont pas des besoins, allez-vous m'objecter. — En êtes-vous bien sûr?

Je parcourais, l'autre jour, la *Somme théologique* du Père Gury — lecture fort intéressante, mais quel latin! — et je fus frappé de la quantité d'exemples plus que scabreux proposés en cas de conscience par votre confrère. Sur le chapitre du péché de luxure, rien de plus juste; mais pour les autres fautes, à quoi bon? Lisant après cela *la Morale des jésuites* de Paul Bert, je vis que cet auteur avait déjà fait même remarque, et en avait conclu: Les prêtres subissent jusqu'à la monomanie, la hantise des convoitises charnelles. Paul Bert s'en indignait en termes virulents. Je partageai son avis, mais ne partageai pas son indignation. Le jésuite, et de façon plus générale le prêtre, est en ceci une victime plus qu'un coupable; une victime de cette acrobatie morale, qui lui fait opposer un refus catégorique aux sollicitations de la chair. Tous, absolument tous, serions obsédés de la même hantise, si nous observions pareille continence. Pense-t-on jamais à la femme autant que lorsqu'on en est privé? Demandez à l'étudiant en train de se refaire en famille une virginité compromise; Demandez au marin qui, depuis de longs mois, n'a pas touché terre, de quels rêves sont visités leurs sommes. L'acte amoureux est un besoin légitime à l'égal de tous les autres, dont l'abus seul est un mal; vous refusez de le satisfaire, il se venge en vous tyrannisant de son obsession. Pour vouloir rester plus purs que les autres, vous aboutissez parfois — rarement — à des vices contre nature, et toujours vous souffrez la persécution constante de l'esprit par l'appétit charnel insatisfait.

Ne l'avez-vous pas expérimenté vous-même, mon Père, lors de votre jeunesse si vite lointaine, et ne pensez-vous pas comme moi, vous à qui je connais une grande hauteur de vues, que vous faites au fond un marché de dupes, sacrifiant la pureté de votre esprit à la chasteté de votre corps? Or, laquelle vaut mieux? N'est-ce pas la première? Le corps est si peu de chose, mon Révérend. En lui sacrifiant la tranquillité de votre esprit, ne voyez-vous pas que vous allez contre vos principes en les croyant suivre?

S'expliquerait-on sans un état d'esprit tout particulier chez son auteur cette question cocasse du Père Gury : « Peut-on, sans pécher, se gratter certaines parties du corps quand elles vous démangent ? » Le casuiste discute gravement et longuement le cas, en distinguant parties et parties, et finalement conclut : « Oui, mais à condition qu'on n'y trouve pas de plaisir. »

L'état d'éréthisme spirituel, créé par l'absolue continence, est mauvais au prêtre lui-même ; il devient dangereux pour les enfants qu'on lui confie, quand le prêtre se fait éducateur. Dans l'acte le plus inoffensif du jeune élève, il lui fait craindre une manifestation de vice précoce.

Vos Pères nous ont-ils assez continuellement tracassé des deux admonestations classiques : « Tenez vos mains sur les tables. — Sortez vos mains de vos poches. » Et chaque fois qu'une distraction nous faisait violer un de ces ordres, le surveillant roulait de gros yeux et nous punissait sévèrement. Si bien que nous en vînmes à nous demander quelle raison honteuse — puisqu'on ne l'avouait pas, — pouvait nous valoir pareilles rigueurs. « Gardez jalousement votre pureté », nous répétait-on à tout propos ; et les discours se suivaient incessants sur cette vertu dont on nous parlait à toute heure, sans jamais nous la définir. Nous qui étions purs sans savoir ni pourquoi ni comment, nous voulûmes apprendre ce que signifiait au juste ce mot tant de fois entendu et, quelque peu aidés par les questions maladroites des confesseurs, nous découvrîmes, en la perdant, ce qu'est cette pureté.

ENTRE ÉLÈVES

I

— LA CAMARADERIE

De camaraderie entre les élèves de l'école Saint-Ignace, il n'y en avait aucune. Des amitiés particulières divisaient les élèves en groupes de trois ou quatre. Chacun de ces groupes vivait à part, ne se mêlant aux autres que pour les jeux, et sitôt les jeux finis retournait à son isolement. Tel du mercure se roule en gouttelettes. Cette absence totale de cohésion entre les élèves tenait d'abord à ce que le collège ne recevait que des externes et des demi-pensionnaires. L'enfant, n'étant pas sevré des affections de famille, avait un moindre besoin d'épanchements amicaux. Autre cause — celle-ci prédominante — le système de délation réciproque organisé par nos maîtres.

A Saint-Ignace, vendre un camarade cela s'appelait « cafarder ». Il y avait le cafard chronique, affilié au conseil de Congrégation, chez qui le cafardage était une vocation pieuse et irrésistible; et le cafard accidentel, lequel y allait de temps à autre de sa petite délation sur l'invite adroite d'un surveillant ou d'un professeur. Ce dernier était légion. Il y avait aussi celui que confessait à son retour chez lui sa bonne maman. La bonne maman le répétait au bon papa, lequel courait au collège rapporter à qui de droit la confession filiale revue et augmentée, confession qui n'avait rien de personnel à son auteur.

Grâce à cette multiple source de renseignements, quand on avait l'honneur d'appartenir au clan des anabaptistes, on était sûr de ne pas prêcher dans le désert à l'instar de ce pauvre saint Jean. Chacune de vos paroles trouvait un écho flatteur, volait de bouche en bouche, pour aller se poser bientôt sur les lèvres du Recteur. On l'y retrouvait singulièrement embellie, au cours d'une visite où il vous conviait en son cabinet. « Mon enfant, encore un père de famille qui sort d'ici me disant : — Comment, dans un établissement religieux, pouvez-vous tolérer la présence d'un élève qui s'est permis tel et tel propos sur la religion et ses ministres ? »

Certains anabaptistes, désireux de ne pas laisser inutilisé chez leurs collègues un aussi précoce talent d'informateur, s'ingéniaient à donner de l'ouvrage aux cafards de toute catégorie en parlant le plus possible. Ceux-ci ne leur en savaient aucun gré.

Avec ce système de surveillance mutuelle, les jésuites étaient certains de n'avoir pas à réprimer de révoltes d'ensemble. Durant les six années que je passai à l'école Saint-Ignace, je ne vis jamais la moindre velléité d'insubordination. La soumission des élèves confinait à l'aplatissement. Pour moi ce souvenir est resté comme la plus frappante preuve de la puissante habileté de nos maîtres. Certes je n'ai pas le regret potache des « chahuts » manqués, mais j'ai gardé une impression d'agacement quelque peu dégoûté de ce constant « cafardage, » et même aujourd'hui où ces souvenirs me font sourire, je pense que, si au point de vue discipline le résultat d'une telle méthode est heureux, il l'est peut-être moins au point de vue éducation morale. Le moyen est mauvais pour faire des hommes d'honneur que de les habituer, toute leur jeunesse durant, à de confraternelles délations.

II

LE CHOUTAGE.

A l'école Saint-Ignace, s'il n'existait pas de sympathie confiante faisant de tous les élèves une même famille scolaire, florissait par contre entre certains un genre d'amitié tout spécial. Nous l'appelions « le choutage. »

Le choutage était un duo d'amour entre condisciples, dans lequel l'aimé s'appelait « le chouchou », l'amant se dénommait, le « chouteur ». Ce dernier était d'ordinaire plus âgé que l'objet de son adoration ; le plus souvent la division des grands le fournissait. Quant aux chouchous, la division des moyens en avait le presque exclusif monopole. Vous n'aviez qu'à prononcer ces simples mots, « les moyens », au milieu de la division des grands, pour amener des sourires sur toutes les lèvres, même sur celles de nos sévères professeurs. Ainsi fait-on dans un cénacle d'hommes graves lorsqu'on vient à nommer « les petites femmes ». La division des petits, à deux ou trois exceptions près d'éphèbes au physique extraordinairement séduisant d'ores et déjà promis au choutage, restait à part de ce commerce amoureux. Les petits figuraient les mineures de la question ; on les respectait : *Maxima debetur puero reverentia.* Puis, trop jeunes encore, ils n'étaient pas assez formés, rappelant les maigreurs nerveuses des chats malheureux.

De quelle nature étaient les relations unissant chouteur et chouchou?

De nature très platonique. Sans doute le principe en était passionnel. L'amant brûlait pour les beaux yeux de l'aimé; mais en pratique son amour respectueux ne descendait guère plus bas. Je sais que dans les internats tenus par les jésuites le choutage n'en reste pas toujours à ces bagatelles de la porte, et dégénère parfois en services réciproques qui n'ont rien de platonique; mais à Saint-Ignace l'externat nous sauvait de ces chutes fatigantes.

PSYCHOLOGIE DU CHOUCHOU

Un de mes amis, lequel fut un chouchou des plus choutés, — de dix à quinze ans, il eut autour de lui une constante cour d'adorateurs, et alluma de véritables passions — m'a conté ses impressions de chouchou.

— Je suis, me dit-il, très heureux d'avoir subi le choutage à titre passif. Je lui dois de connaître dans leur intime saveur les impressions que l'amour cause à la plupart des femmes. N'ayant jamais rendu à aucun de mes chouteurs une parcelle de l'affection qu'ils me prodiguaient si généreusement, j'ai compris, j'ai senti ce que c'est qu'être une bonne fille : la femme qui se laisse aimer, tout en trouvant la chose un peu ennuyeuse et sotte, par bonté de caractère, pour ne pas faire de la peine à des gens bien disposés pour elle, et beaucoup aussi parce que être courtisée flatte son amour-propre.

Mes chouteurs — ils étaient une douzaine se jalousant, se surveillant — avaient des façons de me prouver leur amour que je trouvais bébêtes. Je devais les employer plus tard avec les femmes.

Ils posaient leurs pieds sur mes pieds; me prenaient les mains, les gardaient dans les leurs des demi-heures, ce qui par les chaleurs m'était fort désagréable. Ils m'accablaient d'épîtres brûlantes, la plupart versifiées. Les plus audacieux me demandaient la permission de m'embrasser, et me faisaient des scènes de jalousie par écrit — ils n'eussent pas osé les faire verbales — quand ils voyaient un rival me prendre même faveur. Toutes ces simagrées m'ennuyaient passablement et me semblaient ridicules; pourtant je me laissais faire, n'ayant pas le courage de navrer d'un refus mes adorateurs.

Je n'appréciais le bonheur d'être chouchou que lorsqu'on m'infligeait des « lignes ». Je les répartissais par fractions proportionnelles entre mes différents chouteurs, réservant la plus grosse part au favori momentané. Mes chouteurs me servaient encore lorsque j'entrais en discussion avec un de mes camarades. L'un deux faisait-il mine de m'attaquer; toute ma garde d'amour montrait les dents; et mon adversaire n'avait plus qu'à battre prudemment en retraite. Je ressentais alors comme une velléité d'affection pour mes adorateurs. La femme à qui un amant peu chéri apporte un bijou ou un titre de rente doit éprouver la même impression.

Ces moments exceptés, je trouvais mes adorateurs plutôt ennuyeux qu'agréables. Aussi jouais-je le rôle du chouchou récalcitrant et capricieux. Je n'en étais que plus aimé. J'ai pu juger par moi-même combien est de légitime défense ce que nous appelons la cruauté des belles.

Maintenant, quand je rencontre un de ces garçons qui me firent la cour, devenus l'un bon père de famille tendant vers l'obésité, l'autre noceur vidé par la fête, j'éprouve une gêne mêlée d'une forte envie de rire.

Néanmoins je ne regrette pas ce léger ridicule. Il m'a valu de sentir où est le vrai bonheur de l'amour. Jamais je ne serai sûr de l'amour d'une femme comme je l'étais de l'affection de ces braves garçons. Être aimé, ce rêve je l'ai réalisé, je l'ai savouré ; eh bien, quand on n'aime pas, c'est assommant.

Au contraire de mon ami le récalcitrant chouchou, le chouteur, garçon de douze à seize ans que travaillait la puberté, y allait bon jeu, bon argent ;

il était franchement amoureux. Chez la plupart des chouteurs flambait une sincère passion.

En cour ils ne quittaient pas le chouchou d'une semelle et, quand la cloche sonnant l'étude ou la classe les séparait de lui, ils le mangeaient des yeux avec des mines ravies du plus haut comique.

De ces chouteurs les uns étaient fidèles, s'attachaient à un chouchou et ne le quittaient plus ; les autres, natures volages, passaient d'un chouchou à l'autre au bout de quelques mois de fol amour, et devenaient les ennemis de l'abandonné. Ainsi en est-il des maîtresses.

Il existait une variété du genre : le chouteur-chouchou, lequel ne se contentait pas d'être aimé, mais encore aimait pour son compte. Cette variété complexe se recrutait parmi les Éliacins. J'ai souvenir d'un groupe d'Éliacins qui vivaient absolument à part de tous autres, s'isolant en récréation, correspondant en étude et en classe par un alphabet muet d'eux seuls connu, sans compter les billets doux et, le soir venu, rentraient chez eux de compagnie. A la porte de leurs domiciles respectifs on s'offrait une tournée d'embrassades.

La congrégation fournissait le plus de chouchous et de chouteurs; les enfants de chœur donnaient suffisamment de leur côté. Seules, les brebis galeuses, en fortes têtes qu'elles étaient, raillaient les uns et les autres.

Les jésuites connaissaient trop bien par le menu la conduite de leurs élèves pour ignorer ces amoureux passe-temps. Ils les prohibaient, mais sans sévérité excessive; les chouchous, presque tous Eliacins, trouvaient facilement grâce à leurs yeux.

N'est-il pas piquant de constater que l'innocence trop surveillée commence par où finit le vice : par les petits garçons? La poussée des sens chez le pubère est irrésistible, on peut la dévier, non la supprimer. Ne vaudrait-il pas mieux pour les élèves des jésuites embrasser leurs cousines ou même leurs bonnes comme d'ordinaires potaches, plutôt que s'écrire entre eux des déclarations plus ou moins versifiées, et se bécoter amoureusement sous le porche familial? La morale n'y perdrait rien, le bon sens non plus.

ÉLÈVES ET MAÎTRES

De maître à élève, si j'en excepte deux ou trois surveillants ou professeurs grossiers, les relations étaient très courtoises. L'élève parlait au maître sur un ton de déférence respectueuse, le maître donnait ses ordres en termes polis. Les rapports restaient un peu froids, manquaient d'abandon cordial, le jésuite ne descendant jamais des hauteurs où planait sa dignité d'apôtre, mais presque pas d'injures, et, je l'ai déjà dit, pas de coups ; ce qui me changeait des abbés séculiers auxquels fut confiée ma petite enfance. Autre différence les distinguant de ces premiers maîtres, les Pères embrassaient peu.

J'aborde ici un sujet délicat sur lequel il n'a jamais été rien écrit de sincère ni dans un sens ni dans l'autre ; les uns niant tout, au risque de faire croire qu'ils ont quelque chose à cacher, les autres amplifiant, dénaturant et voulant rejeter sur tous la faute de quelques rares indignes.

Dans le prêtre, étant donnée la chasteté qu'il s'impose, grondé, tant qu'il est jeune, un bouillonnement continu de passion. Cette fermentation de désirs oblige les bons ministres du culte à surveiller jalousement leurs moindres actes, de peur de chutes impures. Aussi les jeunes prêtres apportent-ils une scrupuleuse discrétion dans leurs rapports de maître à élève. Mais plus tard lorsque, grâce soit à l'âge, soit à l'observation d'une longue continence, passé la quarantaine, le prêtre a réussi à étouffer en lui le désir charnel, tout heureux de se sentir tranquille, de ne plus souffrir l'obsession d'une lutte de chaque instant, il se relâche de cette sévère surveillance, et se détend dans une douce quiétude. Or, de la passion assoupie il reste en lui une étincelle dont il ne soupçonne pas l'existence : un vague besoin de caresses, la sensualité confuse et un peu douloureuse d'un désir d'eunuque; et cette sensualité se traduit par un besoin d'embrasser à tort et à travers. Le prêtre s'illusionne sur la nature du sentiment qui le pousse à ces actes d'ailleurs très inoffensifs; ce besoin d'embrasser les enfants et les jeunes gens confiés à sa garde, il le croit la manifestation d'une sympathie toute paternelle, et il embrasse sans arrière-pensée, trouvant à cela un plaisir très doux et comme mélancolique. Un indice pourtant devrait le renseigner sur la nature du mobile qui l'incite; cette sympathie chez lui ne va qu'aux jolis garçons. De plus, qu'il remarque ceci : Les membres du clergé entrés dans les ordres après avoir connu la vie — il en est fort peu, mais il en est — n'ont jamais ce défaut, sont beaucoup plus virils, n'ont aucune tentation de tomber à cette manie qui n'est pas un vice, mais est à coup sûr un ridicule.

Parmi les jésuites que j'ai connus, ceux d'un certain âge embrassaient, mais embrassaient moins que les prêtres séculiers. Si même ils avaient su le peu de plaisir que cela faisait à leurs élèves, ils se fussent complètement abstenus.

Quant aux histoires scandaleuses que certains mal renseignés prêtent bénévolement aux éducateurs religieux, jamais je ne vis ni n'entendis rien de pareil. Tout se bornait à des embrassades dans les bras ou sur les genoux de l'officiant.

Dans certains Ordres inférieurs, la morale, paraît-il, n'est pas toujours aussi bien respectée. Ces Ordres portent la peine de la façon déplorable dont ils se recrutent. Ne voit-on pas, par exemple, des enfants de douze ans déjà revêtir la soutane des frères de la Doctrine chrétienne? Le haut clergé devrait défendre de tels abus. Quelle sérieuse vocation pouvez-vous attendre de ce petit paysan ensoutané dès son enfance? Dégoûté par son éducation du travail manuel, il restera prêtre par paresse, par orgueil, par crainte de la misère. Il sera un de ceux parmi lesquels se recrutent les auteurs des scandales abominables dont les éclaboussures rejaillissent sur tout le clergé.

Donc, je le répète, chez les jésuites les relations entre maîtres et élèves sont poliment amicales. Mais de là à prétendre, comme beaucoup le soutiennent, que les jésuites sont adorés de leurs élèves, il y a une légère exagération frisant l'inexactitude.

Les élèves des Pères, de par la logique de leurs croyances, estiment, respectent leurs maîtres, les vénèrent même à titre de ministres du culte, mais ne les aiment pas. J'ai connu bien des centaines d'élèves des jésuites, j'ai constaté chez tous une assez complète absence d'affection pour leurs maîtres. Le jésuite est trop autoritaire, il écrase trop l'élève du poids de sa discipline et du sentiment de sa supériorité pour que celui-ci puisse se sentir attiré vers lui par quelque sympathie. De plus le jésuite ne se livre pas assez pour pouvoir gagner l'affection de l'enfant.

La preuve la plus convaincante de ce peu d'affection des élèves pour les maîtres me fut fournie par l'article 7. Jules Ferry est mort sans avoir jamais soupçonné quelle profonde reconnaissance lui voua, dans le secret de son cœur, l'immense majorité des élèves des jésuites, lors de l'exécution des fameux décrets.

D'après l'article 7, les jésuites ne pouvaient conserver dans chacun de leurs collèges que deux des leurs seulement. C'était pour eux le coup de grâce. Sans doute, sur le moment, ils tournèrent la loi, se contentèrent de ne plus loger au collège, s'hébergèrent tout auprès chez de vieilles dévotes complaisantes. Le matin, ils revenaient prendre leur place, déguisés en abbé par l'adjonction d'un simple rabbat à leur costume ordinaire. Mais, bientôt après, ils durent licencier la presque totalité de leur personnel, qui fut évacuée sur Cantorbéry. Aux jésuites partis on substitua des abbés séculiers, des laïques. Ce fut pour nous un immense soulagement. Non seulement les brebis galeuses, et les bons enfants déclarèrent avoir gagné au change, mais les Éliacins eux-mêmes durent avouer que les nouveaux professeurs ne faisaient pas regretter les anciens, bien au contraire.

Inutile de dire, à propos de l'article 7, de quelles épithètes bien sonnantes nos gouvernants étaient journellement qualifiés devant nous ; je note seulement un détail caractéristique de la ténacité des jésuites.

Les Pères avaient installé la chapelle du collège dans un grand bâtiment destiné à en devenir plus tard le théâtre. Des scellés ayant clos toutes les portes, il fallut transporter le sanctuaire du culte divin dans une des salles vides du bâtiment scolaire. Quelques mois après, les Pères, profitant de ce qu'un bâtiment transversal reliait par une terrasse le principal corps de bâtisse à la tribune de l'ancienne chapelle, et de ce que sur la porte de cette tribune n'avaient pas été apposés de scellés, reprirent tranquillement possession du pieux édifice. Un escalier volant fut jeté de la tribune au parvis ; au lieu d'entrer de plain-pied, nous descendîmes du ciel.

Les jésuites sont comme le naturel, ils reviennent par la fenêtre. A l'heure actuelle ils sont tous rentrés.

Telle était, dans tous ses détails intéressants, la physionomie du collège Saint-Ignace, fondé au cœur de Bessègue, pour en faire l'apostolique conquête. Je ne veux pas conclure, suivant l'exemple de l'Anglais classique dont les manuels de philosophie célèbrent les trop brillantes facultés de généralisation, à l'identité absolue de toutes les maisons des Pères. Mais au moins m'est-il permis de croire, d'après les dires d'anciens élèves de Montgré, Cantorbéry et d'ailleurs, que tous ces autres collèges diffèrent fort peu du type ci-dessus analysé. Un seul parmi eux est d'organisation spéciale, et présente un caractère très particulier: L'Ecole de la rue des Postes. Elle vaut qu'on l'étudie.

LA RUE DES POSTES

Tout à côté du Panthéon, sur une petite rue dormante, au pavage accidenté, s'érige la façade de l'école Sainte-Geneviève, la fameuse maison des Pères jésuites connue dans le public sous le nom de « rue des Postes ». Est-ce bien une façade? Une interminable succession de hautes, vieilles et grises murailles, percées de rares fenêtres toujours closes, ouvrant sur toute leur longueur deux portails seulement, dont l'un condamné, l'autre servant d'entrée unique à tout l'immense collège.

L'Ecole Sainte-Geneviève occupe un vaste quadrilatère : un grand jardin et trois cours intérieures s'y encadrent de murs et de bâtisses ; ces dernières longeant la rue Lhomond, ancienne rue des Postes, et la rue d'Ulm, de normalienne illustration.

Passé la porterie, dans laquelle trône le plus

grincheux des frères lais, une petite cour carrée ; en face, le bâtiment central du collège ouvre trois portes vitrées ; à droite, le parloir — une vaste salle meublée d'une multitude de chaises en bois et paille, décorée d'un crucifix tragique et de la statue du R. P. Ducoudray tombant sous les balles des Communards. Aux murs quantité de photographies et de portraits d'élèves défunts.— Bornant la cour sur le côté gauche, un mur bas étale une vaste table de marbre où s'égrène en lettres d'or une litanie de noms, ceux des élèves morts à l'ennemi. 70 en a pris quatre-vingt-cinq ; et nos petites guerres coloniales, chaque année, allongent de trois ou quatre noms le glorieux martyrologue.

Sur le seuil du bâtiment scolaire, en trois médaillons de marbre, les têtes des Pères de Bengy, Caubert et Clerc, fusillés rue Haxo, au passage vous grimacent un sourire.

Le bâtiment scolaire a l'ordinaire aspect de ses pareils. Seuls les couloirs y présentent une particulière physionomie. Très hauts, interminablement longs, froids et sombres, sans une fenêtre les éclairant d'une lumière directe, ils prennent jour par leurs extrémités et par les impostes des salles qu'ils desservent. Ils longent la rue Lhomond, dont les sépare une cour intérieure, puis la rue d'Ulm. Là tout un chapelet de petites cellules — les salles d'examen, dites salles de colle — les isole du monde extérieur. Leurs murs s'ornementent de gravures appendues représentant des scènes militaires, reproductions des Vernet, des Neuville, fac-similés des Detaille. D'immenses cartes gravées rappellent les victoires de Louis XIV. Les salles d'étude et de classe prennent jour sur les cours des élèves et le vaste jardin des Pères. Elles sont hautes et claires, seulement remarquables par quantité de tableaux noirs qui les tapissent à l'instar de toutes celles où l'on fait beaucoup de mathématiques.

De tout cela émane une impression de recueillement morne et sévère, de tristesse dure. Le cadre est dans la note du tableau.

La vie que mènent les élèves de la rue des Postes est, en effet, loin d'être une vie de plaisirs. Tous les jours, été comme hiver, lever à cinq heures, étude jusqu'à huit. Messe, déjeuner, classe vous mènent jusqu'à dix heures et demie, heure à laquelle vous attend un quart d'heure de récréation. Etude, déjeuner à midi, jusqu'à une heure et demie récréation ; puis le travail reprend pour cesser à huit heures du soir, seulement coupé d'une demi-heure de récréation à quatre heures et demie. Une seule sortie réglementaire, chaque mois, de dix heures et demie du matin à neuf heures du soir, en la compagnie obligatoire d'un correspondant, lequel doit venir vous prendre et vous raccompagner. S'il est en retard ou ne vient pas, tant pis pour l'élève.

On peut obtenir une deuxième sortie mensuelle dite « sortie de faveur, » mais il faut pour cela de telles notes de conduite que seuls les êtres naturellement muets peuvent y prétendre. Le dimanche, ce jour salué par le potache avec l'enthousiasme du forçat libéré, est à la rue des Postes le plus triste de tous les jours. Le programme habituel s'y corse d'un sermon, d'un salut, de vêpres, d'une composition de mathématiques durant trois heures, et de quatre heures d'épure descriptive. Quelle journée! Le seul plaisir de ce jour, la classe de littérature. Le professeur de lettres, un laïque, durant une heure, rafraîchit l'esprit des élèves d'une lecture littéraire. Au milieu du surchauffage desséchant et sans répit de la préparation aux écoles, cette distraction poétique vous fait l'effet d'un bain délicieux à un corps brûlé de chaleur, d'une lampée d'eau fraîche à un gosier flambant la soif : c'est délicieux, cela vous remue de la tête aux pieds, c'est bon à en pleurer.

Quand je fouille mes souvenirs de la rue des Postes, dans le profond ennui de leur grise tristesse je ne trouve à relever que deux souvenirs joyeux. Voici le premier.

A toutes les rentrées des élèves, les jésuites organisaient une petite solennité. On nous réunissait dans le grand parloir. Nous y goûtions la joie d'ouïr de la bouche du Père directeur un discours nécrologique détaillant l'agonie et la mort des anciens élèves décédés au cours de l'année précédente, et remuant en nous, pour achever d'égayer nos impressions de rentrée, les idées de trépas et de supplices d'outre-tombe. Or, à l'une de ces solennités, Mgr l'Archevêque de Paris nous fit l'honneur de se rendre. Le digne prélat avait atteint l'âge où, dans les têtes les mieux équilibrées, les idées sont allées rejoindre les années d'enfance. De sa voix chevrotante, il commença par nous confesser qu'il s'était trompé de jour, était venu la veille et, ne voyant personne, avait soupçonné son erreur. Puis un trou se fit dans sa mémoire. Il cessa de savoir où il était et se lança dans le vague des lieux communs, louant cette grande école : « — Sainte… ? Sainte… ? » — Sainte Geneviève, lui soufflaient ses voisins, — « Sainte…. ? Sainte… ? » répétait-il, n'entendant pas… « Ah ! oui ! Sainte-Geneviève ! dont les succès aux examens de… » — « … de Polytechnique, de Saint-Cyr, » continuaient de souffler les ecclésiastiques l'entourant… — Et ce fut ainsi tout le long de sa courte harangue. La scène était plutôt pénible que drôle, mais les écoliers sont cruels et nous rîmes de bon cœur. Les Pères eux-mêmes retenaient mal un sourire, sourire discrètement triomphant. N'était-ce pas la preuve frappante de leur supériorité à eux jésuites, chez qui l'individu ne compte pas, est impitoyablement sacrifié à l'intérêt de l'Ordre, sur le clergé séculier où les considérations de personne sont écoutées ? Les grands chefs de l'Ordre d'Ignace ne font que passer dans les hauts postes, et nul ne donnera jamais le spectacle d'un vieillard radoteur, immobilisé dans une position réclamant l'entière possession d'une haute intelligence.

La seconde de mes joies, je la dus à des personnages moins consacrés, à deux acteurs, Fusier et Saint-Germain. On les fit venir à l'occasion d'une fête. Fusier se livra sur l'estrade à une série de pitreries des plus cocasses. Derrière lui, très peu au-dessus, un grand Christ tordait son agonie. Et c'était un spectacle de curieux contraste que ce comique disant, chantant, mimant, évoluant, pirouettant, imitant des cris d'animaux, singeant un orphéon villageois le pouce dans la bouche, les doigts agités sur d'imaginaires touches, semblant faire le pied de nez au Crucifié tragique. Quant à Saint-Germain, en grand seigneur il se fit attendre. Enfin il arriva, nous débita de sa voix discrète un choix de morceaux *ad usum Delphini*, puis, jugeant le moment venu de sacrifier aux principes de la maison, il y alla d'une pièce de poésie sur l'immortalité de l'âme : « *Et l'âme au ciel remonte, voilà ce que je crois !* » disaient les vers terminaux. Il faut avoir entendu Saint-Germain, avec sa mine finaude, ses yeux malins, sa voix aigrelette, dire de tels vers dans ce milieu, dans ce décor, l'index levé vers le ciel, pour se douter de l'intensité comique à laquelle peut atteindre cet excellent artiste. Immédiatement après, comme pour se venger de la corvée métaphysique qu'il venait de s'imposer, Saint-Germain nous régala d'une conférence sur le mariage. Les aphorismes juridiques y recevaient des interprétations libres. Le *Is pater est* était traduit :

Le vrai père du gosse
Est celui qui fait la noce.

Nous nous tenions les côtes. Le Père préfet assis à mes côtés montrait moins de joie. Je ne crois pas que Saint-Germain soit jamais retourné rue des Postes.

La « rue des Postes » n'est pas un collège complet, mais une école préparatoire ; elle ne reçoit que les candidats à Saint-Cyr, à Polytechnique, à Centrale. Donc rien à dire des matières et des méthodes d'enseignement dans cette maison ; je ne veux parler ici du célèbre collège des Pères jésuites que pour noter la physionomie spéciale de ses élèves et de ses professeurs.

Les jésuites servant de professeurs et de directeurs à la rue des Postes, alors que j'en fus élève, de par les rigueurs atténuées de l'article 7, étaient au nombre de quatre. Étaient-ce bien des jésuites? Sans doute ils étaient inscrits au rôle de l'Ordre et en portaient la soutane, mais quel rapport y avait-il entre ces hommes à l'esprit mûri par la constante étude des sciences exactes, et ceux que j'avais connus là-bas, les ordinaires jésuites, entrés au noviciat sitôt sortis de l'adolescence, possédant pour toute science un fatras d'indigeste latinité, et ne connaissant des hommes et du monde que ce qu'ils en avaient appris dans l'impur latin des Sommes théologiques ? Quel rapport entre la hauteur de vue de ces forts esprits et l'étroite naïveté de tel ou tel de mes anciens maîtres, la crédulité un peu fumiste du lourd Père Moissec, le fanatisme placide de mon professeur d'humanités, un blond novice timide et rougissant, lequel nous disait de sa voix tranquille : « Eh ! eh ! l'Inquisition avait du bon. On l'a beaucoup calomniée. »

Aussi quelle différence de pression spirituelle sur les élèves. Plus de brutale, de maladroite coercition. Sans doute il nous fallait nous rendre aux offices portés sur le règlement, mais plus de surveillance — sinon très discrète — sur la fréquence de nos confessions et communions ; plus de lectures spirituelles ayant l'air de narguer notre bon sens en nous contant de grotesques diableries, des Satans faisant : « Couïc, couïc ! » dans les oreillers où ils se cachent. Les puérilités de la superstition disparaissaient, il ne restait de la religion que ce qu'en peuvent accepter les gens sains d'esprit.

Certains verront dans ce changement de méthode une simple preuve de l'opportunisme des jésuites, le résultat d'un calcul pratique et non la manifestation spontanée d'une plus grande largeur d'esprit chez l'élite de l'Ordre. Mon sentiment n'est pas celui-là.

Le jésuite que je rencontrai rue des Postes était le prêtre idéal. Au lieu d'entrer dans les Ordres, sitôt ses classes finies, sans rien connaître des réalités de l'existence, il s'était mêlé à la vie commune, avait fait partie du monde, et s'en était retiré après un assez long apprentissage, obéissant à la voix de sa vocation. A ce contact profane il devait non seulement la hauteur de vues et l'indulgence de cœur qui le distinguaient, mais encore l'éducation scientifique qui l'établissait professeur inamovible à l'école Sainte-Geneviève, poste d'honneur que l'ignorance de ses autres confrères ne pouvait songer à lui disputer.

Les deux plus célèbres de ces jésuites hors pair étaient, l'un, ancien normalien de la section sciences; l'autre, ex-officier de marine.

Le normalien, porteur d'un nom bien connu dans le monde des mathématiciens, était par nous surnommé *petit U*, par allusion d'une part à sa petite taille, d'autre part à une inconnue qu'il aimait à faire figurer dans les équations. Le Père « petit U » ne payait pas de mine. A le voir sans qu'il vous fût nommé, on n'eût jamais deviné en lui un des premiers mathématiciens de l'époque. L'air d'un modeste, très modeste curé de village, il s'avançait zigzaguant de droite et de gauche comme s'il eût voulu cogner alternativement l'un et l'autre mur des corridors où il promenait ses méditations ; il allait, la tête baissée, — une petite tête ronde, au visage bouffi percé de deux yeux minuscules, clignotants, couronnée de cheveux blancs piqués droit dans la tête comme des épingles sur une pelote. Sur cette figure, une expression naïve qu'accentuait une bouche à la moue puérile d'où les mots sortaient d'une petite voix douce brouillés dans un parler quasi enfantin. Tel était au physique le petit U. Au moral, d'une bonté sans fond, la parfaite indulgence des gens complètement détachés de tout. Existait-il autre chose pour lui que son cours de mathématiques et ses devoirs de prêtre? Je ne le pense pas. Les subtilités d'Escobar avaient dû toujours le laisser froid. Peut-être les ignorait-il.

L'ancien officier de marine faisait avec l'ex-normalien le plus parfait contraste. La barette toujours en bataille, le manteau en coup de vent, le port droit, le geste brusque, il levait haut sa petite tête maigre, coiffée de cheveux roux, où flambaient deux yeux pétillants de malice et d'intelligence, et que coupait d'un trait long, effilé, la bouche toujours tirée d'un rire moqueur. Il rappelait fort, en plus franc, en plus viril, le Voltaire de Houdon. — Que le bon Père me pardonne ce rapprochement peu catholique. — Le meilleur des hommes, d'une bonté paternelle, mais ayant conservé de sa carrière de marin une grande verdeur de caractère et d'expressions. L'élève qu'il envoyait au tableau noir tremblait de tous ses membres. Il avait, quand on ne répondait pas assez vite, une façon de vous réprimander terrible à faire frémir les plus courageux. Des apartés flatteurs ouvraient le feu : « Faut-il être bête pour ne pas trouver ça ! s'écriait-il, l'air apitoyé... Mais j'irais ramasser un homme dans le ruisseau qu'il me répondrait ! » Puis le bon Père entrait en des colères folles ; un vieil ami de mer, un juron glissait sur ses lèvres, il le ravalait au passage : « Sacré... ! commençait-il... ve les yeux ! » finissait-il bien vite.

Nobles cœurs, grands esprits, ces hommes étaient de ceux qu'on ne peut s'empêcher d'admirer et d'aimer alors même que leurs opinions sur certains points ne sont pas les vôtres. Comment de tels hommes, convaincus qu'ils sont de la vanité du but visé, — l'abandon qu'ils en ont fait après l'avoir atteint le démontre, — peuvent-ils s'astreindre à ce perpétuel et aride labeur du professorat préparateur aux écoles ? D'ordinaire ceux qui, dégoûtés de la vie, entrent en religion, choisissent les ordres contemplatifs où leur mépris du monde se repose dans l'isolement et l'inaction absolus. Mais il est des natures essentiellement actives à qui pareil détachement de tout semble un égoïsme condamnable, natures que travaille un irrésistible besoin d'apostolat. C'est parmi celles-ci que se recrute l'élite des Pères jésuites; là est le secret de la force de leur Ordre. Leurs chefs sont des hommes enfiévrés du besoin d'agir.

Les élèves de l'école Sainte-Geneviève se répartissent en trois divisions : les candidats à Centrale, surnommés « Fumistes »; les candidats à l'école Polytechnique, dits « Taupins »; les candidats à Saint-Cyr, baptisés « Cornichons ». Des « Fumistes » je ne dirai rien ; ils sont peu nombreux, et pour l'analyste s'identifient avec le « Taupin ».

L'enfant gâté de la maison, celui que ses maîtres non seulement chérissent, mais admirent attendris d'une faiblesse d'orgueil paternel, c'est le Cornichon, le candidat à Saint-Cyr.

Le Cornichon de la rue des Postes est curieux à un double titre : en ce qu'il représente une caste de la société très différente des autres, très fermée, la grande noblesse; en ce qu'il est la synthèse d'une école, l'école de Saint-Cyr. C'est en effet le « Cornichon Postard » qui donne le ton à la maison mère de nos officiers; de l'école

Sainte-Geneviève sort la presque totalité des officiers de cavalerie, fine fleur aristocratique de notre armée.

Le Cornichon Postard n'est pas de son siècle, et n'en est que plus vivant. En lui domine un bel appétit de vivre dans l'insouciance joyeuse de ceux qui n'ont jamais connu la peur des lendemains douteux, les « Que deviendrai-je? » dont s'assombrit, avant l'âge, l'humeur des jeunes petits bourgeois. Il va, content et fier, dans l'orgueil léger, planant, de ceux habitués à toujours voir les têtes s'incliner devant eux de par le respect qu'imposent la fortune et le nom. Rien de cette morgue agressive, grossièrement insolente du parvenu; rien de ces manières de bedeau hargneux, chères aux petits hobereaux de province : un dédain souriant fait de l'ignorance parfaite et voulue de ce qui n'est pas lui, ses pairs, sa sphère mondaine. Pour le Cornichon rien n'existe en ce monde hors la cavalerie dont il aspire à faire partie et le plaisir de mener à grandes guides la haute vie fêteuse, violente, un brin animale. Même alors qu'il est d'esprit délié, il a pour le travail intellectuel un peu du mépris que lui vouaient les hauts barons, ses aïeux. Volontiers il pose pour ne rien faire et pour beaucoup ignorer, surtout en mathématiques.

C'est bien l'embryon de nos brillants officiers de cavalerie restreignant le cercle de leurs préoccupations au cheval, aux fêtes mondaines, aux petites femmes.

D'une bravoure physique tranchant avec la pusillanimité des fils de bourgeois, grâce à une éducation plus virile, aux chevauchées de la chasse à courre et autres plaisirs dépassant en périls la pédestre promenade en famille sur le « Cours » de la cité provinciale, presque toujours il est ce que l'argot appelle un « casse-cou » ; il sera un de ces officiers rêvant grands coups d'estoc et de taille et pleurant les défuntes luttes à l'arme blanche. En attendant la guerre souhaitée, il prendra patience en risquant quelques chutes émotionnantes sur nos hippodromes où nous le verrons, déguisé en jockey, disputer les prix aux professionnels.

Ses opinions politiques, il les reçoit de naissance. La royauté est à ses yeux le seul régime que puissent accepter les gens de sa race. La République, les manants qui la dirigent et y tripotent, tout cela pour lui n'existe pas ; c'est se salir que d'en parler. L'orgueil latent de son titre le hante au point qu'il ne fraye qu'avec ses pairs. Dans la division de Saint-Cyr, à la rue des Postes, il y a le groupe des ducs, le groupe des comtes... etc. Parfois, il accorde un regret aux siècles défunts. Tel celui que je vis, lors d'un anniversaire de la mort de Louis XVI, faire circuler en étude une liste-programme invitant tous ses camarades à communier ce jour-là en guise de protestation. La liste se couvrit de noms; quand elle lui revint, il la mit dans sa poche, disant : « Je me souviendrai de ceux-ci. »

Très respectueux, en théorie, de la religion et de ses ministres, il est, en pratique, d'une dévotion tiède, apportant à l'accomplissement de ses devoirs pieux la joyeuse insouciance qu'il met à tout faire. Ses convictions religieuses n'ont aucune action régulatrice sur ses mœurs; il est toute sa jeunesse, parfois toute sa vie durant, un grand noceur devant l'Éternel; et, quoique croyant à la vie future, aux anathèmes lancés contre les luxurieux, il ne s'en inquiète pas autrement. Lisant d'avance son pardon dans les yeux doux que lui font les prêtres, il a confiance. Au dernier moment, un signe de croix lui lavera l'âme.

N'est-il pas d'une classe privilégiée qui de tout temps, depuis ses nobles aïeux partis aux croisades, eut les préférences de Dieu et de ses ministres? Il s'endormira dans le Seigneur, convaincu d'avoir combattu le bon combat. On lui fera une pompeuse oraison funèbre où sera exalté ce grand exemple de l'entière foi et des vertus d'un autre âge donné à nos temps de scepticisme et de corruption.

A côté du vrai, du pur Cornichon, se trouve un type passablement ridicule : le garçon qui, dépourvu de fortune et de titres, a le double snobisme de la richesse et du nom. Celui-là tourne autour de l'autre, quêtant un sourire, une parole amicale; très fier, lui petit bourgeois, de ce frottement aristocratique, prêt d'avance à tous les sacrifices d'argent, à toutes les humiliations pour conserver au sortir du collège des relations si flatteuses.

Heureusement pour ce naïf rêvant la camaraderie du pot de terre et du pot de fer, l'entrée à Saint-Cyr souffle sur ses illusions. Vers le milieu de la première année, tous les riches et nobles Cornichons se voient classer dans la « basane » (la cavalerie), où soit-disant conduit un examen de cheval, mais laquelle est en réalité réservée par protection aux jeunes gens riches et autant que possible des mieux blasonnés. Système de classement peu équitable en principe, mais en pratique évitant aux officiers de condition précaire et de nom bourgeois des froissements d'amour-propre et des entraînements dangereux. Le snob, lui, reste dans la ligne et, de ce jour, il n'existe plus pour ses anciens condisciples.

. . . .

Le candidat à Polytechnique, communément dénommé Taupin, est un garçon tranquille et sérieux, en futur ingénieur qu'il rêve d'être ; car très rarement il prépare l'école en vue des services militaires, en quoi il se trompe 99 fois sur 100. C'est un bon garçon, se rapprochant un peu, en plus froid, en plus rentré, du potache universitaire. Il n'est nullement poseur, quoique fils de bourgeois cossus. Dans la division des Taupins, pas de petits groupes s'isolant du reste; tous sont unis d'une camaraderie pas très intime, mais ignorant les distinctions de noms, de fortunes. Les snobs chez eux sont très rares.

Le Taupin présente l'indécis état d'un esprit longuement saturé de l'enseignement des Pères, sur lequel l'école visée, tant est grande sa puissance de séduction, agit par l'influence de son voisinage. De ce fait qu'il se porte candidat à une école démocratique dont les opinions libérales sont bien connues, où règne une égalitaire camaraderie, le taupin s'entraîne à en être le digne élève : Il tâche à devenir un parfait camarade. Des poussées de libéralisme sourdent en lui.

Chose rare pour un nourrisson des Pères, il n'est pas royaliste ; et pourtant, illogisme étrange, inévitable relent des préjugés longtemps subis, il n'ose pas se dire hautement républicain. De mon temps, un seul l'osa ; on le baptisa Marianne, et il lui en resta aux yeux de ses camarades comme un ridicule. Pourtant, un jour, comme on nous lisait au réfectoire *les Convulsions de Paris*, de Maxime Ducamp, l'auteur étant venu à médire de Rossel, l'ancien polytechnicien chef de la Commune, une sourde huée gronda. L'abbé surveillant faillit en perdre la tête ! — Des élèves des jésuites prendre la défense d'un communard ! ! — A mon sens, l'abbé s'alarmait à tort ; ce n'était pas le communard que défendait cette huée, mais le polytechnicien. Pour un candidat à l'X médire d'un antique, fût-il assassin, est un crime de lèse-majesté.

En réalité, le Taupin est aussi bien que les autres élèves des « Postes » profondément imprégné de la foi prêchée par ses maîtres ; reçu à l'École, il reviendra tous les dimanches assister à la messe spécialement dite pour les X dans la chapelle du collège. Les poussées de révolte indépendante n'existent chez lui qu'à l'état de velléité, et pour l'heure limitent leur action à des enfantillages. Ainsi, le Taupin se gargarise volontiers des crudités de l'argot et des chansons de l'École. Je me rappelle que parfois, tous rués en tumulte dans un coin de la cour, nous nous mettions à chanter *pianissimo* tel refrain polytechnicien ultra-décolleté. Au bruit suborneur, nos surveillants pâlissaient, rougissaient, verdissaient ; toute la maison, préfet en tête, accourait nous réduire au silence. Chez tous éclatait une profonde stupéfaction, une colère navrée. « Les échos de la rue des Postes répéter pareilles horreurs !... Ah ! cette école Polytechnique ! »

A cause même de l'influence occulte du but visé sur ses allures extérieures, sur ses tendances d'esprit, le Taupin ne le dispute pas dans le cœur des [Pères] au Cornichon, son brillant voisin. J'ai déjà dit dans *Chers camarades* pourquoi les jésuites voient d'un mauvais œil l'école Polytechnique, et pourquoi ils n'y doivent préparer leurs élèves qu'à regret. Je n'y reviendrai donc pas, me contentant d'en indiquer les raisons : la réputation de libéralisme irréligieux de l'École ; leur éloignement des sciences exactes par crainte des habitudes de critique qu'elles donnent à l'esprit.

Qu'il fût Cornichon, Taupin, Fumiste, l'élève de la rue des Postes était un loyal camarade. Au sortir de Saint-Ignace, ce me fut un très agréable changement. Il eût fait beau voir qu'un Postard se rendît coupable des petites saletés de délation dont faisaient métier les doux Éliacins de là-bas. Celui-là ne serait pas resté longtemps parmi nous. Tout pareillement j'ai connu parmi ces nouveaux condisciples des garçons d'une grande piété, et j'ai remarqué avec plaisir que la plus sérieuse dévotion sait se passer de contorsions et de grimaces.

Certes la vie était dure à la rue des Postes et, lorsque sorti de ce collège on vient à songer à l'existence que l'on y mena, on se demande comment on eut la résignation de supporter un tel esclavage. Malgré cela j'ai gardé de l'internat de la rue des Postes, tant des maîtres que des élèves, un bon souvenir. Je n'en dirai pas autant de Saint-Ignace, où cependant je jouissais de la semi-liberté d'un externe.

A quelque parti qu'elle appartienne, une élite d'esprits, si elle n'arrive pas toujours à vous faire partager ses opinions, du moins ne vous apprend pas à les détester et sait gagner votre estime sympathique. Les gens à intelligence étroite, les imbéciles — hélas, ils sont légion et cela partout! — vous feraient prendre en haine les idées même vers lesquelles on est le plus naturellement porté. Aussi plus on va dans la vie, moins on tient compte, pour juger les hommes, de la nature de leurs opinions. Il n'y a pas de sottes opinions; il n'y a que de sottes gens.

ANCIENS ÉLÈVES

Leurs études finies, les élèves des jésuites ne gardent que fort peu de relations avec leurs anciens maîtres. La grande majorité n'en garde aucune. Grâce au système de roulement adopté par les Pères, lequel permet rarement à un des leurs de s'immobiliser dans un collège, l'ancien élève revenu, même peu de temps après sa sortie, visiter la maison où il fut élevé, ne trouve plus que visages nouveaux. Gêneur, gêné, il salue et se retire.

Les jésuites semblent du reste se désintéresser complètement de l'élève dont l'éducation est achevée. Quand ils ont durant nombre d'années creusé le cerveau d'un enfant de tout leur patient et savant effort, qu'ils y ont jeté à pleines mains la bonne semence, ils passent à un autre sillon, laissant au soleil de la vie le soin de faire le reste. Très riche, la Société de Jésus pourrait être une secourable auxiliaire à ceux de ses élèves tombés dans l'infortune. Elle le pourrait d'autant plus que, vu la classe des gens parmi lesquels se recrutent ses élèves, le nombre de ces malheureux est minime. Il faut reconnaître qu'elle n'abuse pas de ce charitable moyen de se conserver leur amour.

Certains pères de famille peu aisés s'imposent, pour faire élever leurs fils chez les jésuites, des sacrifices menaçant l'équilibre de leur maigre budget. Ils le font dans l'espoir que l'enfant trouvera plus tard en ses maîtres et ses anciens camarades de puissants soutiens qui, s'intéressant à lui à raison de sa position précaire, l'aideront dans la lutte pour la vie. Faux calcul. Les fils de ces braves gens ne gagnent à la détermination paternelle que de souffrir, toute leur enfance, les humiliations dont les abreuvent leurs camarades plus riches qu'eux, et de voir ceux-ci, sortis du collège, se détourner pour ne pas les voir quand ils les rencontrent dans la rue.

De services rendus par les Pères à leurs anciens élèves je n'ai connu que quatre exemples ; — un seul s'appliquait à un nécessiteux : Deux Éliacins richement mariés dont on leur attribue le bonheur; deux autres Éliacins pourvus de positions. Malheureusement, de ces derniers le seul qui en eût vraiment besoin a vu ladite position lui échapper presque aussitôt, et n'a gagné à la protection des jésuites qu'une perte de temps et une déception.

Les jésuites se considèrent comme des apôtres chargés de préparer le bonheur éternel de ceux qui leur sont confiés et non comme les directeurs d'une société de secours destinée à leur assurer des rentes en ce bas monde.

Il y a, il est vrai, à cette rareté des services rendus, un peu de la faute des élèves. Ceux d'entre eux que l'infortune atteint sont souvent les moins « bien pensants », peut-être parce qu'ils ont plus à se plaindre de la Providence. Or les jésuites attendent, pour secourir, de s'être assurés que par les opinions et la conduite on est bien resté des leurs. Beaucoup de miséreux, craignant une inquisition préalable, et, au cas où les secours seraient accordés, l'installation autour d'eux d'une surveillance occulte, aiment mieux aller frapper à la porte d'inconnus moins curieux.

De cette indifférence du maître se ressentent les associations amicales qu'il a fondées ou voulu fonder entre ses anciens élèves.

Dans la plupart des internats ces Associations ne sauraient être que théoriques. Dans certains externats elles devraient être plus sérieuses. J'ai eu de l'une et l'autre espèce de ces associations un exemple : l'Association amicale des anciens élèves de l'école Sainte-Geneviève ; celle des anciens élèves de Saint-Ignace.

A elle seule l'Association de la rue des Postes suffirait à démontrer combien la camaraderie est faible entre les élèves des jésuites et combien peu ils sont secourables à leurs anciens condisciples tombés dans l'infortune. L'école Sainte-Geneviève fut fondée en 1854 ; l'Association ne date que de 1875. Cette Association ne compte aujourd'hui que 900 adhérents ; le nombre des élèves sortant chaque année est de 200 environ. Sur la liste de ses membres on peut relever quantité de noms appartenant à la haute aristocratie ; il y a là non seulement des gens des plus titrés, mais encore de richissimes capitalistes ; pourtant je lis dans le rapport de 1891-1892 :

Une somme de 450 francs a été distribuée à des anciens élèves à titre de secours.

Une nouvelle somme de 500 francs est mise

encore, cette année, dans le même but, à la disposition du bureau.

L'école Sainte-Geneviève étant une école préparatoire où les élèves affluent des quatre coins de la France, pour se disperser de nouveau, sitôt leur préparation finie, il n'y a de réunion effective au siège de l'Association que celle des membres du bureau. Pour la masse des adhérents, leur part de camaraderie amicale se réduit au payement, à titre définitif, d'une somme de 100 francs. Moyennant cela ils reçoivent, chaque année, une brochure contenant la liste de leurs collègues, le rapport financier, et le discours nécrologique dont s'égaye la rentrée des classes. C'est le passage le plus curieux de l'Annuaire. A chaque mort son oraison funèbre toujours bâtie d'imagination. Tous ces défunts se ressemblent à croire qu'ils sortent d'un même moule, le moule de la statue d'un saint Stanislas Kotska. Je viens de lire l'oraison funèbre d'un qui fut mon camarade, et malgré la tristesse qui me poigne à apprendre comment il mourut en pleine fleur de jeunesse, miné par les fièvres du Tonkin, j'ai peine à ne pas sourire de l'inexactitude du portrait. D'un bon garçon, joyeux, spirituel, aux libres allures, on a fait une réduction de jésuite, un Berckmans au petit pied. Ainsi de tous. L'ensemble de ce tableau nécrologique n'en est pas moins d'une tristesse navrante : Une Morgue de famille, où les cadavres s'enguirlanderaient, à la façon salutiste, de menaces de damnation éternelle.

L'Association des anciens élèves de Saint-Ignace fut, tout au moins au début, bien autrement gaie. J'ai déjà dit par quels liens d'affectueuse camaraderie étaient unis les élèves de cette école. Désireux de voir se continuer, par delà les murs du collège, d'aussi cordiales relations, les jésuites fondèrent une Association amicale d'anciens élèves. Pour la diriger, ils mirent à sa tête un jésuite, excellent homme, mais d'un zèle un peu novice et d'idées plutôt fermées. Celui-ci considéra cette Société comme devant être une prorogation, une succursale de la dévote congrégation que fleurissaient les Éliacins. Le programme des réjouissances, lors de chaque réunion, décela clairement ces intentions pieuses : les membres adhérents étaient invités à se rendre au collège le premier dimanche de chaque mois, à 8 heures du matin. A leur arrivée, une messe leur était servie dans une chapelle spéciale où ils avaient, douces ressouvenances, le plaisir de contempler la procession des Éliacins se rendant à la sainte table toujours affligés d'une pieuse torsion de col. Sur ce, le Père Directeur les régalait d'un sermon et d'une bénédiction. Prières dites, on passait dans une salle où se dressait pour la circonstance un buffet volant. Quelques bouteilles d'un vin blanc aigrelet s'alignaient bombant leurs ventres pâles au milieu du rougeoiment pudique d'oranges non moins acides. Tout en faisant honneur à ce festin, fractionnés en petits groupes, les élèves causaient quelques minutes à mi-voix, comme il convient à des gens longuement sanctifiés, puis se séparaient. C'était court, et c'était aigre en diable; le vin aigrelet, les oranges acides donnaient le ton. Jamais on ne se fût deviné entre Labadens. Les divergences d'opinion qui, durant qu'ils étaient élèves, avaient divisé les assistants, au lieu de s'atténuer allaient s'accusant. Tout de suite il y eut prise de bec entre l'irréductible groupe des Éliacins et le groupe des bons enfants décrassés par le contact du monde extérieur. Ceux-ci s'aperçurent bien vite que le côté distractions manquait à des réunions pareilles. Ils en firent la remarque au Père Directeur.

L'excellent homme, encouragé par l'approbation des Éliacins, qui sans cela n'eussent plus su que faire de leur capacité d'édification, refusa des réformes, déclarant que les anciens élèves devaient se réunir pour prier et non pour faire la fête. Le clan libéral prit la mouche, mena une campagne active, et, comme il avait la majorité, aux élections suivantes fit sauter en bloc tout l'ancien bureau uniquement composé d'Éliacins choisis par le Père Directeur. D'où colère de celui-ci ; lutte du nouveau président contre ses résistances ; bref, guerre intestine à la suite de laquelle le clan libéral démissionna en masse. Les Éliacins restèrent maîtres d'un bureau qui se présidait lui-même.

L'Association amicale des anciens élèves de l'école Saint-Ignace ne s'est pas relevée de cette chute de début. Elle en est restée boiteuse incurable.

Même en notre siècle, où l'incrédulité générale semble avoir noyé l'acidité des dissentiments religieux, les querelles de ce genre sont en réalité celles qui nous passionnent et nous divisent encore le plus profondément. N'est-il pas étrange de voir, entre ces jeunes gens qui n'eussent demandé avec l'expansivité méridionale qu'à sympathiser de bonne amitié et s'amuser ensemble, l'éducation des jésuites parvenir à susciter une guerre de religion au petit pied? Résultat discutable.

RÉSULTATS D'ÉDUCATION

I

En fait d'éducation on récolte ce que l'on sème.

Au point de vue caractère, tous les efforts des jésuites tendent à garder leurs élèves le plus longtemps possible à l'état d'enfants, je dirai même à l'état de fillettes; tous ceux qui ont vu passer les petits Vaugirard avec leur air de timidité rougissante, leur allure si peu garçonnière, comprendront la justesse de ce dire. — Enfants, les jésuites veulent que leurs élèves le demeurent non seulement par la crédulité confiante, par les ignorances pudiques, mais encore par l'absolue soumission même à des ordres puérils. Un élève surpris, fût-ce hors du collège, la cigarette aux lèvres, voit éclater sur lui un déchaînement de tempête. Évidemment les jésuites n'imputent pas à cet acte une noire malice, mais ils le condamnent, y voyant une tendance à se dire homme, une tentative d'émancipation.

Au point de vue intellectuel, l'autoritarisme de l'enseignement des Pères étendant son absolutisme impératif jusqu'aux matières littéraires, tue en l'esprit de leurs élèves toute spontanéité, toute originale personnalité.

Un pareil système d'éducation ne peut aboutir logiquement qu'à former des élèves sans vigueur aucune de caractère ni d'intelligence. De ce dernier résultat éloquemment démontré par le très petit nombre d'hommes de valeur sortis de leurs collèges, les jésuites semblent ne pas s'inquiéter. Ils expriment seulement le regret de ne pas trouver chez leurs élèves le zèle actif des apôtres, la flamme ardente en faisant des héros du bon combat. Leurs nourrissons préférés, la fleur d'aristocratie qu'ils envoient à Saint-Cyr, une fois dans l'armée, ne se soucient plus que de cheval et de haute vie. Quant aux bourgeois cossus dont se compose l'immense majorité de leurs élèves, ils ne s'inquiètent nullement de contribuer au triomphe de la cause sainte ; placides, ils mangent leurs rentes, vont à la messe le dimanche, et font à leurs femmes des enfants qu'ils enverront plus tard chez les bons Pères. Les uns et les autres sont des croyants, — car presque toujours l'éducation des jésuites fait prise parfaite sur le cerveau qui l'a subie — mais ce sont des croyants passifs, non des apôtres.

Les Pères le déplorent. Qu'ils s'en prennent à eux-mêmes. A trop assouplir, comprimer un ressort, on lui ôte l'énergie de ses réactions. Que les jésuites reportent leurs yeux sur les trois modèles qu'ils ne cessent de proposer à l'imitation de leurs élèves : saint Stanislas Kotska, saint Louis de Gonzague, le bienheureux Berckmans. Sont-ce des hommes armés pour la lutte que de tels saints? Ce ne sont même pas des hommes; on doute de leur sexe. Le jésuite devrait se proposer lui-même en modèle à ses élèves; leur souffler son ambition, sa ténacité, sa fièvre d'agir; mais pour cela il lui faudrait, changeant du tout au tout sa méthode, travailler à développer chez l'enfant la personnalité, la volonté, au lieu de les broyer dans l'œuf en les piétinant avec rage. Beaucoup, il est vrai, sortiraient de chez les Pères moins profondément pénétrés de leurs idées que ne le sont les élèves actuels, mais de ceux qui leur resteraient acquis un seul vaudrait mille des autres.

Pour vouloir la quantité le jésuite sacrifie la

qualité. Car, il faut bien le reconnaître, la qualité n'y est pas.

Sans doute, tant qu'ils restent sous la férule du maître, les élèves des jésuites sont des enfants modèles au sens bébête que les bonnes mères de famille attachent à ces mots : ils ne galopinent pas, ne fourrent pas d'énormes cigares dans leur petite bouche de potache ; ils restent dociles, soumis, n'ont pas les crises capricantes des enfants moins tenus, moins bien élevés ; mais, perdant ces élans d'indépendante humeur, il semble qu'ils perdent aussi les autres, les bons, les élans de franchise et de générosité. Cela tient-il à l'éducation qu'ils reçoivent ? Cela tient-il à la classe dont ils font partie, la classe bourgeoise ? — car dans tout ceci je mets à part la minorité aristocratique, pépinière des Cornichons — Toujours est-il qu'ils sont comme précocement vieux, repliés sur eux-mêmes, froids, guindés, déjà calculateurs ; ce ne sont pas des enfants mais plutôt des ébauches de vieillards. La bonté de cœur de l'enfant s'affirme surtout dans ses rapports de camaraderie ; sa franchise se traduit par les expansions confidentielles ; sa générosité saisit avec joie toute occasion de rendre service à l'ami. L'élève des jésuites ne sait pas être ce parfait camarade. Il ne se prodigue ni en confidences ni en dévouements ; il vit en lui et pour lui. Ce qui le caractérise, c'est une certaine froideur égoïste.

De ceux qui ne sont pas ses camarades, ses pairs, l'élève des jésuites s'écarte dédaigneusement : cela moins en vertu de ses convictions religieuses et politiques qu'à raison des susceptibilités créées en lui par son éducation mondaine. « Les bonnes manières ! » voilà ce qui, tout autant que les intérêts, plus que les idées théoriques, creuse un abîme de répulsion méprisante entre la classe riche et la classe pauvre. Jamais vous n'empêcherez un homme qui se lave et parle poliment de se déplaire au coudoiement d'un autre qui ne se lave pas et parle de façon grossière.

L'élève des jésuites exagère ce sentiment.

L'élève a grandi, le voici jeune homme ; il sort du collège. Quelle action sur ses mœurs exercera son éducation ?

Pour certains l'action est néfaste. Ce jeune homme, tenu ligoté de langes jusqu'à sa majorité, se grise de sa liberté subite et commet les pires folies ; non pas seulement ces folies de jeunesse que payent la bourse et la santé, mais de tristes erreurs de naïf qu'un bon mariage rend irréparables à un croyant. Combien de mes camarades n'ai-je pas vus épouser des aventurières, des coureuses deux fois plus âgées qu'eux ? L'un de ces braves garçons alla jusqu'à légitimer les enfants d'un lit antérieur et accidentel. Cela, il le fit non par calcul, — la demoiselle était pauvre, — mais par fureur de passion. C'était la première femme qu'il voyait et il avait vingt ans.

D'autres, très loués par les bonnes mamans, se marient sitôt sortis du collège, à vingt et un ans. Je les attends à la trentaine.

Les autres enfin font la fête tout comme si leurs principes les y engageaient. J'ai vu tel de mes anciens condisciples, que mes souvenirs me montrent administrant de terribles bourrades à son voisin quand celui-ci, pour chatouiller sa pudeur susceptible, soufflait à ses oreilles le mot *femmes*, promener dans Paris, en victoria, deux dégrafées des moins muettes, dont une dans la capote.

Les jésuites ne se font pas illusion à ce sujet. Ils savent qu'en nombre majeur, leurs élèves, tant qu'ils sont jeunes, se conduisent tout comme s'ils n'avaient pas les excellents principes longuement inculqués. Qu'importe! pourvu qu'ils conservent la foi. Leurs maîtres ont travaillé pour plus tard, pour l'âge où les passions éteintes ne gênant plus le plein étalage des bons principes, ils les exhumeront du fond de leur conscience pour les apprendre à leurs enfants et en édifier leurs voisins.

Très peu de vocations religieuses parmi les élèves des jésuites. Les Pères ne poussent nullement à l'entrée dans les Ordres. Ils aiment mieux garder les leurs à la vie commune. Mêlés au monde ils n'en auront que plus d'action, rendront plus de service à la cause sainte que si une soutane les désignait à la méfiance des adversaires.

A ce propos, une remarque. Ceux de mes anciens camarades de Saint-Ignace qui se firent prêtres émergèrent de la foule où leur piété avait su rester inaperçue. J'ajoute même qu'ils n'appartenaient pas à l'élite intellectuelle de leur classe. Mais de tous ces charmants Éliacins, qui si longtemps nous avaient édifiés par les élans d'une piété peu commune, pas un seul ne se fit prêtre. Ils ont tous, quoique sans fortune, fait de riches mariages.

En somme, au point de vue caractère, mœurs, valeur intellectuelle et morale, l'élève des jésuites est le type synthétique du bourgeois pharisiennant, un monsieur Prudhomme frotté de religiosité, d'une morgue moins bonne fille. L'atavisme et le milieu l'y destinaient ; le grand tort des Pères est de ne pas réagir vigoureusement par l'hygiène de leur éducation contre les tendances égoïstes de leurs élèves. Il y a pourtant dans les évangiles un certain passage sur les pharisiens bien significatif en la matière. Les jésuites sont-ils sûrs d'élever leurs élèves suivant l'esprit de cet adorable livre que résume la maxime : « Aimez-vous les uns les autres » ? Le devoir du chrétien n'est pas seulement de croire et d'aller aux offices; il a des obligations de charité sociale, lesquelles ne se bornent pas à manger honnêtement ses rentes, ou jouir égoïstement d'une position lucrative. Les jésuites le font-ils assez comprendre à leurs élèves ? L'ont-ils bien compris eux-mêmes ?

II

LETTRE D'AMI

Tu me demandes de mes nouvelles, mon cher ami ? Je ne vais pas mieux. Je tousse toujours et de plus en plus. Pourtant il fait chaud. Que sera-ce quand viendra l'hiver? Ah! je crois que tout va finir et je me sens pris d'une désespérance si profonde, d'une telle angoisse à me sentir mourir ainsi, qu'à certains moments je désire qu'il finisse le plus vite possible, ce lent supplice où je me consume, mes poumons s'en allant par morceaux à chaque quinte. Chez moi, je tâche de ne pas faire trop mauvaise mine pour ne pas ennuyer les miens de cette constante agonie sans espoir. Si je te parle de mes misères c'est que je te connais, sous ton apparente indifférence de parfait sceptique, un grand fond de tendresse pitoyable. Que veux-tu? Si près qu'on soit de s'en aller, on a toujours un plaisir égoïste à savoir que d'autres vous plaignent.

Tu me dis que tu vas écrire un livre sur les

jésuites, et je t'en approuve; c'est pour cela même que je t'écris. Je voudrais que tu dises ceci dans ton livre, ceci que je vais te conter sans phrases; je ne suis pas un littérateur, moi; puis, quand on est près de la fin, ces questions de forme littéraire vous paraissent si futiles!

Tu t'en souviens, du temps où nous étions condisciples, je fus de ceux qu'hebdomadairement le Père préfet comparait à la brebis galeuse, aux pommes pourries de la parabole, et menaçait de renvoi à brève échéance. Eh bien, j'en veux aux jésuites de n'avoir pas mis leurs menaces à exécution, et, pour des intérêts de magister escomptant mes succès d'examen, de m'avoir gardé quand même. — Peut-être l'ont-ils fait dans le but de graver en moi l'empreinte de leurs dogmes en dépit de mes révoltes. Ils sont tellement acharnés à leur proie! — Oui, je leur en veux. Si dès le début ils m'eussent congédié, leurs idées n'auraient pas laissé en mon esprit des traces que, maintenant, j'ai peur d'y retrouver au moment suprême pour épouvanter mon agonie. J'ai écrit le mot, c'est bien ma pensée : j'ai peur!.. j'ai peur de la façon dont je vais mourir ! Toutes ces menaces terrifiantes de l'au delà contre lesquelles mon bon sens, ma conscience s'insurgent lorsque je suis en pleine possession de mon intelligence, j'ai peur d'y croire au dernier moment. Nous devenons tellement lâches au moindre détraquement de notre cerveau! Tiens, dans le sommeil, pour peu qu'une lourdeur d'estomac — détail naturaliste, mais si vrai — vienne à m'oppresser, je rêve de lâchetés sans nom devant les superstitions dont ils ont terrorisé mon enfance. Au réveil je souris de ces craintes; toutes mes révoltes instinctives et raisonnées se redressent; mais je n'en ai pas moins souffert le lugubre rêve. Durant l'agonie, le cerveau doit chavirer sous la poussée du néant; ne serai-je pas alors aussi lâche que dans ces tristes cauchemars? Quelle torture ce serait! j'en ai la sueur froide quand j'y pense!

Renan disait : « Ne vous étonnez pas si vous voyez un prêtre à mon lit de mort. » Quand on a, toute sa jeunesse durant, subi la pression formidable de l'éducation religieuse, peut-on jurer de mourir d'autre sorte?

Heureusement ils ont greffé sur les dogmes essentiels tant d'enfantillages, d'illogismes, d'absurdités... heureusement; car sans cela ils seraient trop forts. Une fois intoxiqué par eux, on ne pourrait guérir.

Tu vois, je te conte mon mal au hasard de l'idée. Tu arrangeras tout ceci. Mais surtout dis bien haut que cette religion dont ils prétendent qu'elle console et rassérène, endeuille l'âme ; et que, si à certaines natures endormies et ruminantes elle peut procurer au dernier moment un calme relatif, à d'autres, aux natures qui pensent et sentent, elle réserve l'horreur d'une agonie terrifiée.

La mort des grands sceptiques du dix-huitième siècle, de celui qui, voyant entrer le prêtre, dit, se tournant vers la ruelle : « Ils croient me tenir; je m'en vais. » et s'en alla souriant; voilà mon rêve... Sera-t-il déçu ?

. . . .

DU JÉSUITE

Il n'y a pas des jésuites, il y a le jésuite.

L'homme descend du singe, disent les évolutionnistes; on serait tenté de le croire.

En tout un besoin d'imitation simiesque le travaille, bien surprenant chez un être qui se prétend capable de libre détermination. Cette manie servile non seulement meuble son cerveau d'idées toutes faites, soufflées par l'éducateur rencontré au hasard de sa naissance en tel ou tel milieu, mais elle va jusqu'à lui faire singer les allures, le costume, la coupe de barbe et de cheveux consacrés par l'usage comme les mieux seyants à tout échantillon dudit milieu. La plupart des gens mériteraient que l'on rie, alors qu'ils disent d'un ton convaincu : « Mes idées, mes goûts, mes habitudes. » Les quelques très rares ayant le droit de parler ainsi détonent tellement sur l'unisson de la servilité ambiante, qu'ils font aux autres l'effet de phénomènes paradoxaux; un isolement de quarantaine les encercle.

C'est une grande force que de penser par les autres; On n'en est que plus écouté. En matière d'idées, comme en matière musicale, l'idéal de la majorité est d'entendre pour la mille et unième fois un air mille fois entendu; surtout qu'il ne fatigue pas l'attention et soit facile à retenir.

Le jésuite, sous prétexte de discipline, pousse jusqu'à la charge l'imitation du modèle idéal qui, pour lui, représente le jésuite type. Tunique de Nessus, la soutane de l'Ordre le pénètre et l'imprègne; il n'est plus un homme libre de penser et d'agir, il devient « le jésuite. »

La tête baissée, le regard fuyant, voyez-le hors de chez lui : Il a l'air de ne rien voir, il voit pourtant fort bien d'un coup d'œil en dessous, furtif, curieux et inquisiteur. La soutane noire de l'Ordre le revêt, sans coquetterie aucune, plutôt sale et usée. A la main un bréviaire qu'il ne lit pas, il marche l'air absorbé comme roulant des pensées profondes et tortueuses, alors même qu'il ne pense à rien.

Son attitude est très humble, son air hautain. Abordez-le, il vous répondra d'un ton froidement poli, un peu sec et cassant, et toujours vous sentirez à ses réponses un homme qui se surveille comme dans la peur de se livrer.

A-t-il vraiment cette peur? Non. C'est tout simplement chez lui une habituelle affectation, le tic de l'Ordre, la pose à l'impénétrabilité; il veut garder au corps dont il fait partie sa réputation de force occulte; il veut, à l'instar des constitutions de saint Ignace, demeurer à l'état de mystère inquiétant. De là sa physionomie très différente de celle des autres religieux. Le dominicain a l'allure plus franche, plus digne. Les frères mendiants sont plus platement humbles; l'habitude de tendre la main leur ôte toute fierté de port et de visage. Le prêtre séculier a l'air plus vivant, plus « bon enfant », moins isolé du monde extérieur; dans la rue, il regarde autour de lui.

Dans « ses maisons », le jésuite change d'allures. Le regard reste fuyant presque toujours, mais la tête se relève, le port indique l'assurance de quelqu'un qui se sent chez soi, bien chez soi. L'accueil devient aimable, la parole se fait insinuante, très douce; la politesse parfaite frise l'obséquiosité; un sourire crispe la bouche pour peu qu'un « parent » soit signalé.

Il est très fier d'être jésuite, d'appartenir à un Ordre qui a tant fait parler de lui, dont on prétend qu'il sut envoyer *ad patres* les rois et les papes qui le gênaient, et dont les faits et gestes ont maintenant encore le privilège de passionner l'opinion. Il dit, non sans orgueil, « Nos maisons, nos collèges, nos missions ! » et laisse volontiers entendre, en parlant de sa pauvreté avec un sourire narquois, que les histoires contées sur les immenses ressources de la Compagnie pourraient bien être vraies. Au point de vue finesse, il tâche encore à ne pas être au-dessous de la réputation de la maison, et finasse alors même que la franchise serait la suprême habileté.

L'esprit de corps est, chez lui, poussé à son degré de perfection. Jamais un jésuite ne parlera d'un de ses confrères que pour le louer hautement : le qualifier de saint prêtre, s'il est d'un certain âge ; de novice zélé, s'il est encore néophyte. Pour les autres ministres du culte, son admiration est moindre. Au clergé séculier il voue le secret dédain du brillant officier de la légère pour le modeste lignard. Le dominicain lui est peu sympathique.

Le Père Moissec, jésuite plein de tact, eut à ce sujet une phrase heureuse.

Comme il reprochait à un de mes camarades de s'arrêter tous les jours chez les dominicains avant de venir au collège : « Qu'allez-vous faire, lui demanda-t-il, chez ces dominicains?... » Sur ce, le bon Père s'arrêta net et, saluant de la barrette, il ajouta après une pause : « ...que j'estime d'ailleurs. » La phrase et le ton en disaient plus que dix volumes sur l'antipathie secrète qui sépare les deux Ordres.

Le jésuite a le snobisme de la richesse et du blason, et un léger mépris du peuple. Il éprouve une joie naïve, lui très souvent pauvre et roturier, à se voir l'éducateur de tout ce que la France contient de plus huppé en titre et fortune; un chatouillement d'amour-propre le caresse à penser que les jeunes leaders de l'aristocratie l'appellent respectueusement « mon Père », docilement lui obéissent et, quand ils sortent de ses mains, sont bien sa chose, sa création, tant il leur a pétri le cerveau de ses doigts têtus. Tout prêtre est un peu possédé de cette innocente manie, mais le jésuite a la palme.

Pareillement le jésuite exagère la vertueuse

haine du prêtre contre la femme. Un de ses confrères moyen âgeux a prétendu, paraît-il, que la compagne de l'homme n'a pas d'âme. Cette étrange opinion ramenant le problème des destinées futures à une question de sexe, n'est plus aujourd'hui soutenue par aucun jésuite ; mais la femme n'en est pas moins restée pour le disciple de Saint-Ignace la bête de l'Apocalypse. Sa haine contre elle est faite de crainte et de mépris. Il la craint comme la source de toutes les chutes, le principe dissolvant de toutes les énergies de la volonté, et ne lui a pas encore pardonné la cueillette de la pomme aux jardins de l'Éden. Il la méprise, la jugeant d'instincts bas et luxurieux, incapable de volonté, partant de sainteté, et d'intelligence très inférieure à celle de l'homme. Est-ce dans la confession, surtout dans la confession des vieilles dévotes, qu'il a puisé cette opinion ? Peut-être.

Un aumônier du collège de Vanves racontait avec admiration, comme preuve de ce haut dédain, le fait d'un jésuite qu'une bonne femme sauva, durant la Commune, au péril de ses jours. Le danger passé, le Père partit sans même lui dire adieu. Pour ma part, j'ai vu le Père Moissec, hébergé lors des décrets par une veuve pieuse, se moquer discrètement de cette brave dame, racontant avec, aux lèvres, un sourire moqueur, toutes les attentions fines dont elle l'obsédait.

Le jésuite n'est donc nullement partisan de l'égalité des sexes. Le Père Mestre conclut son analyse des *Femmes savantes* par le souhait suivant :

« *Qu'un autre Molière se lève pour jouer nos* « *Femmes savantes* » *du* XIXe *siècle, celles qui se mêlent de pérorer dans les clubs, de clabauder contre la religion et d'insulter le bon sens sous prétexte de revendiquer je ne sais quels droits politiques dont elles seraient fort embarrassées le jour où on leur infligerait le ridicule de l'éligibilité. Et ne sommes-nous pas menacés, à l'heure qu'il est, d'une invasion de bachelières parlant grec, latin, mathématiques, physique, philosophie, anatomie, aussi bien que n'importe quel professeur de faculté ? O Molière, lève-toi et fustige-moi tous ces bas bleus !* »

Le jésuite, malgré le galant conseil de M. Legouvé, ne tombe pas aux pieds du sexe auquel il doit sa mère.

. . . .

Ce qui fait détester le jésuite par tous ceux

qui ne le connaissent pas, et nombre de ceux qui le connaissent, mis à part certains détails historiques, ce ne peut être ses opinions — les autres prêtres les partagent à peu de chose près — c'est qu'il est un homme de lutte. On lui voue l'antipathie peureuse inspirée par tout adversaire que l'on croit puissant et que l'on sait agressif.

Nous pardonnons sans peine aux gens de n'avoir pas nos idées, pourvu qu'ils s'abstiennent de prosélytisme adverse. Le jésuite inquiète les partisans de l'idée libérale, et s'attire leur haine, parce que constamment, sourdement, il combat leurs principes. Très adroit, il ne lutte pas en personne, il fait lutter les autres; et pour avoir ces champions de la bonne cause il s'est fait éducateur.

Le lutteur que le jésuite aspire à former n'est pas l'honnête timoré aux scrupules toujours hésitants, interrogeant à chaque fois sa conscience pour agir suivant ses ordres; c'est un homme tout d'une pièce, qui convaincu dès son jeune âge et une fois pour toutes qu'on lui a enseigné l'unique, l'intégrale vérité, ne cherche pas dans un cas difficile à entendre la voix de sa raison, de sa conscience, mais à se rappeler ce que lui dicte la foi. Sa conscience dément-elle le précepte du dogme? il en étouffe le cri; c'est là pour lui tentation de Satan. Ce fanatique est vraiment le lutteur idéal que rien n'entame, qui combat sans trêves, sans pitié; car la pitié lui paraîtrait une faiblesse coupable. Le jésuite réussit à créer ce mannequin tout d'une pièce; par malheur, il n'arrive que rarement à lui souffler la flamme de la vie.

C'est dans sa mainmise sur l'éducation de l'aristocratie française que réside toute la puissance du jésuite. Il n'a qu'un pouvoir indirect, celui qu'il arrive à exercer par son influence sur la classe sociale dont il s'est fait l'éducateur. Aujourd'hui où cette classe de la société n'est plus sur le pavois, sa puissance très surfaite se borne à encourager les résistances de la Réaction. Encore les dernières Encycliques viennent-elles de lui porter sur ce point un terrible coup. Pour le reste, le jésuite légendaire menant le monde par des manœuvres occultes et l'irrésistible pouvoir de trésors inépuisables, fable pure! Le jour où on enlèverait aux jésuites le droit de tenir des collèges, ils auraient cessé d'être.

. . . .

Pour la foule, qui dit « jésuite » dit un homme d'intelligence supérieure, de science profonde, et surtout d'une finesse d'intrigue, d'une astuce à à berner tous les diplomates.

La moyenne de la Société de Jésus est en réalité celle de toute société cultivée. Pas mal d'imbéciles, immense majorité de médiocres, quelques intelligences remarquables. Mais dans l'Ordre d'Ignace de Loyola toutes les têtes pensent comme ces quelques sujets d'élite ; tous les bras leur obéissent. Si bien que le moindre médiocre rend presque autant de services que s'il avait l'intelligence du chef qui le mène.

Pour un corps quelconque savoir choisir sa tête et lui obéir, tout est là.

Demandez à qui que ce soit, même au plus fêteur des bons vivants, ce qu'il pense des jésuites, il vous répondra sans hésiter sur un ton réprobateur : « Les jésuites ont une morale relâchée ». Jusqu'à ces derniers temps, je n'avais pu entendre émettre cet aphorisme sans éprouver une ironique joie. Moi, élève des jésuites, instruit dans leurs collèges durant neuf ans, entendre porter, par des profanes qui n'eussent même pas su distinguer la soutane d'un jésuite de celle d'un abbé séculier, un jugement sur la morale de mes anciens maîtres, si contraire à ce que j'en savais par ma propre et longue expérience, cela m'amusait fort. Pourtant à la fin le ton péremptoire et l'unanimité de ces critiques m'impressionnèrent. Où donc, me demandai-je, un pareil concert a-t-il pris son chef d'orchestre? Tout de suite je soupçonnai Blaise Pascal, et résolus de lire les *Provinciales*. Mais soit manque d'occasion, soit défaut de courage, je me bornai à l'intention, et continuai de sourire quand on me parlait de la morale relâchée des jésuites. N'étais-je pas sûr qu'ils enseignaient la pure morale évangélique, seulement gâtée de sécheresse et de rigorisme et non pas de relâchement? J'avais connu, il est vrai, étant tout jeune, un confesseur, bon vieux Père, lequel ponctuait l'aveu de chaque péché d'un « Bien, mon enfant! » dont le ton approbateur allait s'accentuant à chaque faute. Mais il n'y mettait pas malice; et cet encouragement banal n'avait aucunement l'intention de me pousser au crime.

Tel était donc mon avis en la matière lorsque je résolus d'écrire le présent livre. Je devais à ma conscience d'auteur de ne pas me mettre à l'œuvre sans avoir pris connaissance des plus célèbres ouvrages écrits sur le même sujet. Donc je me résignai à lire les *Provinciales* et la *Morale des Jésuites* de Paul Bert, certain d'avance de pouvoir adresser à leurs auteurs quelques critiques railleuses pour la plus grande joie des lecteurs bien pensants.

Je débutai par les *Provinciales*. J'avoue qu'elles m'étonnèrent grandement, me révélant au point de vue moral un jésuite ignoré de moi, tellement différent de celui que j'avais tant et si longtemps connu qu'elles ne réussirent pas à ébranler ma conviction. Je griffonnai même à ce propos un brouillon de critique : « Le jésuite dépeint par les *Provinciales* est un fossile n'ayant qu'un intérêt paléontologique. Que Sanchez, Escobar, Suarez et consorts aient développé dans leurs *Sommes* des maximes d'une moralité discutable, que m'importe ? Ce que je veux dépeindre en mon livre c'est le jésuite actuel... Reproche-t-on aux escargots les méfaits des Ammonites, leurs confrères en carapace, aux temps préhistoriques ? »...

Les *Provinciales* écartées, je passai à la *Morale des Jésuites* de Paul Bert. Dès les premières lignes un si furieux parti pris me sauta aux yeux, que je faillis fermer le livre à peine ouvert. Néanmoins je tins bon, m'entêtant à mon devoir d'analyste consciencieux ; je lus et je fus complètement stupéfié. Ce n'était pas du jésuite anté diluvien que citait Paul Bert, mais un certain Père Gury, qu'il disait tout récemment vivant ; et dans ce Père Gury presque toutes les propositions relevées et flétries par Pascal se retrouvaient. Pour le coup je devins profondément perplexe. Que croire ? que penser ? — Le plus simple n'était-il pas d'aller interviewer à la rue des Postes une des têtes de l'Ordre ? Je m'y résolus immédiatement, d'autant que la démarche me parut piquante.

Cette interview, pour qu'elle soit plus fidèle, je la transcris sans l'arranger nullement, telle que je la jetai sur le papier, sitôt cueillie.

. . . .

. . . .

Me voici rue des Postes. Je pensais ressentir une impression de tristesse en revoyant les murs de mon ancienne prison ; il n'en est rien. Je suis dans une gaîté de malice, en élève émancipé allant faire la nique à son ancien magister.

Quoique je ne connaisse même pas de nom le Préfet actuel de la rue des Postes, je vais droit à la cellule préfectorale. Je frappe. « Entrez ! » Dans la petite cellule largement éclairée par une immense fenêtre, droit devant un bureau, je vois un Père de quarante ans environ, maigre et sec, la figure énergique, le regard vif, l'allure froide et cassante.

— Mon Père, je viens vous prier de m'accorder un instant d'entretien.

Le Révérend Père paraît surpris. « Mon Dieu, monsieur... malheureusement c'est l'heure de mon courrier, et je... Mais d'abord à qui ai-je l'honneur de parler? »

« A un de vos élèves. » — Je me nomme.

Le Père n'a pas sourcillé ; seulement au ton de froideur glaciale que garde sa voix, je me tiens pour renseigné. Mon interlocuteur a goûté de ma prose. En phrases entrecoupées, il s'excuse : Le courrier n'attend pas... Il le regrette. D'ailleurs le Père X... est là tout à côté; il me renseignera mieux, me connaissant.

Effectivement le Père X..., bien qu'il y ait huit ans que j'ai quitté les jésuites — ils ne m'avaient pas revu depuis — me reconnaît devant même que je me sois nommé. Lui aussi est très pressé ; il va confesser ses élèves. Mais enfin comme j'insiste, il consent à m'entendre, assez intrigué, je le devine.

De suite, je taille dans le vif. Je dis l'intention où je suis de publier bientôt un livre sur la Société de Jésus, ses méthodes d'éducation et d'enseignement. Le Père ne bronche pas. Je poursuis :

— Vous savez, mon Père, qu'il court sur votre morale une scie classique; on la qualifie de relâchée. Moi, votre élève durant neuf ans, j'ai expérimenté à mon dam qu'il n'en est rien. J'ai donc l'intention de réfuter dans mon livre, livre très impartial (grimace du Père X...) cette ridicule accusation. Je vous avouerai pourtant qu'une lecture récemment faite, celle de l'ouvrage de Paul Bert, sur votre morale, me gêne quelque peu; et je viens vous demander ce que je pourrai répondre à vos détracteurs si, contre mon témoignage, ils invoquent celui de ce Père Gurby... Gruby ?...

— Gury, rectifie l'interviewé.

— Gury; c'est cela. Qu'est-ce que ce Père Gury? Est-il vraiment un des vôtres? Si oui, est-ce un jésuite de ce siècle, ou un préhistorique?

Je m'attends à une réponse très nette, presque coléreuse. Non. Le Père X... a surtout l'air géné par mes questions. Évidemment, il ne prévoyait pas la botte. C'est en termes bredouillés, avec un sourire forcé, qu'il me répond :

— Le Père Gury est bien un jésuite de la génération actuelle... un théologien. Il a fait, comme tous les théologiens, une « Somme », et dans cette Somme il n'a mis ni plus ni moins que ce que l'on trouve dans toutes les Sommes théologiques. Prenez Mgr Goubert, par exemple...

— Fort bien, mon Père. Mais y a-t-il vraiment dans le Père Gury les erreurs incriminées par Paul Bert?

— Mais... (Le Père X... bredouille en traînant sur ce « mais »; ses yeux allant de droite et de gauche paraissent lire sur le parquet une réponse zigzagante)... Mais... Il n'y a qu'à lire l'ouvrage... vous verrez.

— Je préfère m'en rapporter à vous.... Trouvet-on dans le Père Gury les énormités relevées par votre adversaire ?

— Mon Dieu... il faut lire les passages en entier, ne pas détacher un morceau par-ci par-là... sans quoi on dénature, on exagère...

— Par exemple, mon Père, ces fameuses restrictions mentales y sont-elles excusées ? Est-il vraiment écrit dans la Somme de l'un de vous, que celui-là ne ment pas, qui trompe sciemment son interrogateur en sous-entendant une partie de sa réponse ?

Pour la première fois le Père X... nie catégoriquement. Sa tête prend un mouvement d'oscillation négative ; il hausse les épaules ; son sourire s'élargit. « Des bêtises ! » a-t-il l'air de penser.

— Non ! non ! » répond-il.

Pour le reste il me renvoie au Père Gury ; à moi de voir. J'en sais assez sur ce point. Néanmoins, j'éprouve le besoin de préciser :

— Ainsi, votre système de défense consiste à dire : Le Père Gury n'a écrit ni plus ni moins que ce qu'ont écrit tous les auteurs de Sommes théologiques.

— Mais, oui ! (Le Père X... abuse du monosyllabe « Mais ».)

— A quoi bon ces Sommes, mon Père ?

— A instruire nos confesseurs. C'est pour cela qu'elles sont écrites en latin.

— Ne vaudrait-il pas mieux, donnant seulement à vos confesseurs les principes généraux, vous en rapporter à l'intelligence et la conscience de chacun d'eux ?

Ici mon interlocuteur, sans me répondre, voûte le dos, esquisse un geste de pitié, la tête branlante.

Je reprends : « Je vous entends : Tous ne sont pas des aigles. »

— Dame ! fait le Père et il ajoute : « Il faut bien quand on leur parle de quelque chose, qu'ils sachent de quoi il s'agit. »

— Il existait pour cela les anciennes Sommes ; les nouvelles font double emploi. La leçon des *Provinciales* aurait dû mieux servir au Père Gury. Qu'il n'eût point écrit son livre, Paul Bert n'eût pas écrit le sien. Or de pareils livres vous font beaucoup de tort.

— Pourtant il faut bien résoudre les nouveaux cas de conscience.

— Il y en a donc de nouveaux ?

— Certainement.

Je me mets à sourire, l'envie me prend de dire

au Père X... qu'en matière de luxure je doute que notre siècle, pourtant si fort inventif, ait rien pu trouver de nouveau. Je retiens cette réflexion inconvenante et me borne à faire remarquer que pour résoudre les cas nouveaux un modeste supplément eût suffi. Il n'était pas besoin d'écrire une Somme entière. « Le Père Gury me paraît avoir cédé à une malencontreuse démangeaison de plume. »

Le Père X... nie faiblement de la tête et sourit; puis il se lève :

— Vous m'excusez... Revenez un autre jour, nous causerons... Il faut que j'aille confesser mes élèves.

Nous sortons de la cellule du Révérend Père, et gagnons la porterie. Une dernière fois, espérant faire surgir un système plus sérieux, je répète :

— Ainsi, mon Père, votre système de défense est celui-ci : Votre confrère n'en a dit ni plus ni moins que tous les autres auteurs de Sommes théologiques. »

— Sans doute! m'est-il répondu.

Décidément, je suis fixé; je n'ai que faire de revenir.

Nous voici à la porterie.

— Encore une question, mon Père : Est-il vrai qu'il existe un Évangile contant le fait suivant : Jésus passe par un champ de blé ; ses disciples ont faim ; le maître n'a rien à leur donner. « Ceci est à vous ; prenez, leur dit-il. » ?

— Dame !... Il n'y a qu'à chercher dans les Evangiles...

— Je préfère m'en rapporter à vous. Cet Evangile existe-t-il ?

— Mais... oui... Oh ! ils ont mangé comme ça quelques épis... Il n'y a qu'à prendre les Évangélistes ; ils ne sont que quatre ; ils ne sont pas dix !...

Et le Père X... se sauve en riant de cette facétie d'érudition religieuse.

Pour moi, je reste abasourdi. Ma visite a donné un résultat contraire à celui que j'en attendais. J'espérais pouvoir, sur le chapitre de la morale, défendre les jésuites, va-t-il me falloir les attaquer ?

Pourtant je m'entête à une dernière espérance. Je veux voir de mes yeux.

Paul Bert n'a-t-il pas exagéré ?

Et j'ai vu de mes yeux. Dans l'édition (1881)

du Père Gury, j'ai lu que ces mêmes jésuites, dont la pudeur me faisait supprimer dans la tirade de Lusignan le vers

> Sais-tu bien qu'à l'instant où son flanc mit au jour...

permettent de louer des maisons à de folles filles, dispensent une jeune fiancée d'avouer à son prétendu l'état défunt de sa virginité. J'ai, contrairement aux dires du Père X..., trouvé trace des restrictions mentales.

Bref, j'ai constaté que Paul Bert avait été un traducteur fidèle.

. . . .

Donc, à côté de la morale étroitement rigoriste qu'ils enseignent à leurs élèves, les jésuites, opportunistes en ceci, ont pour le commun des âmes une morale où l'honnêteté et la bonne foi ne sont pas toujours respectées. Quelle explication donner d'une pareille conduite? Je ne suis pas de ceux qui pensent qu'un mobile d'ambition humaine puisse pousser un homme à se faire jésuite et le rester. Quand on a été témoin de la vie très dure et mortellement ennuyeuse que mènent les Pères, il faut recourir, pour l'expliquer, à un mobile supra-terrestre ; ce mobile, c'est la foi chrétienne, la vocation de l'apostolat religieux. Et c'est pour cela même que le cas du jésuite devient si curieusement intéressant. Par quelle aberration ces apôtres, dont tous les efforts tendent à propager la foi et la morale chrétiennes, en arrivent-ils à faire subir à cette dernière pareilles déformations ? Serait-ce qu'à leurs yeux la morale n'est que secondaire, la nécessité de la foi primant tout ; et pour ne pas éloigner de la foi les âmes défaillantes par de trop rigoureux commandements moraux, ont-ils été entraînés dans la voie des concessions regrettables ? Font-ils comme ces missionnaires qui, désespérant de jamais faire comprendre le pur christianisme aux peuplades sauvages, leur prêchent un agréable mélange de dogmes chrétiens et de fétichisme local, et se tiennent pour très heureux quand ils leur voient promener en place d'amulettes des médailles de la Vierge ? Ou bien faut-il considérer le cas du jésuite comme un phénomène de perversion du raisonnement ?

A force d'ergoter sur des questions d'imagination pure, telle que les attributs de Dieu, les grades des séraphins, à force de ratiociner sur les cas de conscience, peut-être en arrivent-ils à se fausser et conscience et raisonnement. Ces propositions qui nous paraissent monstrueuses à nous qui les jugeons au point de vue bon sens et honneur, leur semblent peut-être très naturelles, et peut-être ne pensent-ils pas, les écrivant, porter atteinte à la rigueur des bons principes. Le jésuite, en cette dernière hypothèse, expierait le vice de l'instruction spéciale qui lui est donnée : Pas de sciences exactes ; des chicanes sans fin dans le vide imaginatif de la théologie.

Tout prêtre pèche par là. Le novice du clergé séculier, sans qu'il soit exigé de lui au préalable aucune condition de capacité et d'instruction, s'enferme en un grand séminaire où, durant cinq années, il vire-volte, sans le balancier d'aucune autre étude, sur la corde raide des discussions théologiques. Aussi le jeune prêtre est-il, sous son apparente modestie, un chef-d'œuvre amusant de suffisance. Il croit tout avoir, convaincu que l'étude du latin ecclésiastique et la culture du raisonnement scolastique donnent le savoir intégral. Sur tout il a réponse;

et, si vous lui faites remarquer que son opinion n'est pas celle de la science, il tentera de vous prouver que celle-ci pourrait bien avoir tort, et qu'en somme son opinion à lui est soutenable. Mais chez le prêtre séculier, le contact des fidèles dont il a cure, sitôt sorti du séminaire, corrige vite ce défaut. Il n'en est pas de même du jésuite, à qui manque tout contact avec le monde. Chez lui ce système d'instruction porte librement et pleinement ses fruits.

Quoi qu'il en soit, je veux et je dois rendre cette justice à mes anciens maîtres que, durant les neuf années qu'il passa chez eux, jamais leur élève n'entendit d'enseignement contraire à la morale ou à l'honneur ; et même après lecture du Père Gury, je m'entête à penser que, si les jésuites pouvaient faire courir un danger quelconque à l'état social actuel, ce serait à raison de l'intransigeante intolérance de leurs idées politiques et non à cause du relâchement de leur morale.

. . . .

Jésuite! Ce nom devrait évoquer irrésistiblement en l'esprit l'image du maître dont il se réclame, de Jésus, la plus rayonnante figure de l'histoire et de la légende, de celui dont la doctrine se résume dans l'adorable maxime : « Aimez-vous les uns les autres ! » ; Jésus qui aima d'amour les humbles, les petits, les pécheresses, et n'eut de haine que pour l'orgueil hypocrite des pharisiens.

Hélas ! il n'en est rien !

De tous les disciples qui, de près ou de loin, se rattachent à la doctrine du Christ, le jésuite est celui qui rappelle le moins le Sauveur d'amour. Jésuite, non : *societatis Jesus* (de la Société de Jésus) ; c'est bien cela : les apôtres ; ces hommes si fermés, si rebelles à l'enseignement du maître, que Jésus remonté aux cieux dut, pour les changer, leur envoyer le Saint-Esprit sous forme tangible.

Au jésuite ne faudrait-il pas souhaiter pareille visite ? N'a-t-il pas fait fausse route ? Ne s'est-il pas attaché à la lettre du dogme plus qu'à l'esprit de l'Evangile ?

« Bien heureux les pauvres d'esprit, » a dit la béatitude sacrée. Dédaignant les humbles, les petits, le jésuite s'est fait l'éducateur exclusif des fils de ces riches, de ces pharisiens haïs du maître.

Ses mains ont d'un labeur continu approfondi le fossé de dédain qui sépare le riche du pauvre. Il a sa bonne part de responsabilité dans le malaise dont pâtit la société actuelle.

Jésus a dit : « Mon royaume n'est pas de ce monde ». Le jésuite a voulu dominer, triompher, dès ici-bas par des moyens terrestres. Il s'est inféodé à un parti, s'est compromis dans des intrigues politiques ; il s'est fait accumulateur de trésors.

Il est le sectaire dont l'agressive combativité attire les haines de tous, dont le nom est jeté comme une injure. « Bienheureux ceux qui sont doux de cœur, car ils possèderont la terre ». Que les jésuites y songent, eux qui toujours voulurent conquérir le monde ; s'ils tiennent à y réussir, de par l'Evangile leur méthode est à changer.

TABLE DES MATIÈRES

Paris. — Imprimerie Paul Dupont, 4, rue du Bouloi (Cl. 7.3.94.

www.ingramcontent.com/pod-product-compliance
Ingram Content Group UK Ltd.
Pitfield, Milton Keynes, MK11 3LW, UK
UKHW021057220726
13924UKWH00005B/2130

9 782019 98989